Claudia Schlaak

FREMDSPRACHENDIDAKTIK UND INKLUSIONSPÄDAGOGIK

Herausforderungen im Kontext von Migration und Mehrsprachigkeit

D1722427

ibidem-Verlag
Stuttgart

Bibliografische Information der Deutschen Nationalbibliothek
Die Deutsche Nationalbibliothek verzeichnet diese Publikation in der Deutschen Nationalbibliografie; detaillierte bibliografische Daten sind im Internet über http://dnb.d-nb.de abrufbar.

Bibliographic information published by the Deutsche Nationalbibliothek
Die Deutsche Nationalbibliothek lists this publication in the Deutsche Nationalbibliografie; detailed bibliographic data are available in the Internet at http://dnb.d-nb.de.

Coverabbildung: © 2015 / Claudia Schlaak.

∞

Gedruckt auf alterungsbeständigem, säurefreien Papier
Printed on acid-free paper

ISSN 1862-2909

ISBN: 978-3-8382-0896-1

© *ibidem*-Verlag
Stuttgart 2015

Alle Rechte vorbehalten

Printed in the EU

Inhalt

1. Einleitung

1.1 Thematische Einführung

Inklusion kennt keine Ausgrenzung, keine Aussonderung und keinen Ausschluss. Bei Inklusion ist jeder Mensch nicht nur willkommen, sondern kann überall partizipieren, ist selbstverständlicher Teil des Ganzen. Verschiedenartigkeit wird als Normalität angenommen. Es gibt keine Barrieren – Offenheit, Akzeptanz und Toleranz bestimmen das Miteinander in der Gesellschaft: im öffentlichen Alltag mit all seinen Bereichen (Mobilität, demokratische Mitbestimmung und Partizipation usw.), ob nun im Arbeitsleben, in der Freizeit, im Bildungs- und Schulsystem. In der idealen inklusiven Gesellschaft ist die Teilhabe aller in jeder Situation und Lebenslage möglich – unabhängig von eventuell bestehenden Beeinträchtigungen. Im Bildungs- und Schulsystem würde dies bedeuten, dass alle Kinder und Jugendlichen zusammen lernen können und alle eine gemeinsame Schule besuchen; Sonderschulen gibt es im idealen System der inklusiven Bildung nicht; Heterogenität wird als normal betrachtet.

Dass Inklusion ein Idealzustand ähnlich einer Utopie ist, der kaum erreicht werden kann, ist nicht schlimm, denn ‚ideal' ist in der Realität tatsächlich kaum erreichbar. Inklusion muss nicht zuletzt aufgrund der gesellschaftlichen Vielfalt jeden Tag neu erarbeitet werden (Feyerer 2011: Kapitel 1). Vielmehr gibt Inklusion aber einen konsequenten und dauerhaft angelegten Weg hin zu einer besseren Gesellschaft für alle vor.

Das Thema „Inklusion in Deutschland" ist aktueller denn je, denn Anfang des Jahres 2015 prüfte der UN-Fachausschuss für die Rechte von Menschen mit Behinderungen den ersten Staatenbericht Deutschlands zur Umsetzung der UN-Behindertenrechtskonvention. Am 17.04.2015 legte er seine Abschließenden Bemerkungen vor. Darin benennen die Experten zahlreiche Probleme und Schwierigkeiten bei der Umsetzung von Inklusion in Deutschland und formulieren Besorgnisse: Deutschland muss in den kommenden Jahren in vielen gesellschaftlichen Bereichen große Anstrengungen unternehmen, um die vertragsstaatlichen Pflichten zu erfüllen; positive Ergebnisse sind in dem Prüfbericht rar.

Auch im deutschen Bildungs- und Schulsystem ist Deutschland noch weit davon entfernt, Inklusion im Schulalltag und im Schulunterricht flächendeckend und übergreifend umzusetzen, wie es die UN-Behindertenkonvention völkerrechtlich verbindlich einfordert. Dabei würde es eine konsequent gelebte ‚Inklusion' erleichtern, auf neue gesellschaftliche Herausforderungen einzugehen, wenn nämlich inklusive Bildung nicht – wie sehr häufig – rein im Kontext ‚Behinderung' verortet wird, sondern, wie es das Konzept eigentlich beinhaltet, die Berücksichtigung jedes Individuums ernst nimmt. Dazu gehören auch geschlechterspezifische Unterschiede, soziale Benachteiligungen oder kulturelle Verschiedenheit.

Inklusion in der Schule würde die Toleranz und Anerkennung von Verschiedenartigkeit innerhalb der Gesamtgesellschaft begünstigen. Während mutige Schritte hin zu einer gemeinsamen Beschulung aller Kinder – ob mit oder ohne diagnostizierte Lernschwächen – noch immer selten sind, kommen derzeit neue Herausforderungen auf das deutsche Bildungs- und Schulsystem zu, weil kurzfristig viele vor den kriegerischen Handlungen in Syrien, Irak, Afghanistan usw. nach Deutschland geflüchtete Kinder und Jugendliche beschult werden sollen. Inklusiv arbeitende bzw. inklusionserfahrene Schulen könnten mit den damit verbundenen Herausforderungen – vom Spracherwerb über einen sensiblen Umgang mit den zum Teil traumatisierten Kindern und Akzeptanz kultureller Vielfalt – mit ziemlicher Sicherheit besser umgehen. Kinder und Jugendliche mit Migrationshintergrund bzw. konkreter Fluchterfahrung würde ein inklusives Bildungs- und Schulsystem beim Einstieg ins deutsche Schulsystem bzw. bei der weiteren schulischen Entwicklung besser fördern.

> [D]er besonderen Ausgangssituation der Jungen und Mädchen, die neben Deutsch eine Herkunftssprache sprechen, [wird bisher] im schulischen Alltag kaum Rechnung getragen (Schöpp 2015: 162).

Es erscheint daher notwendig, Inklusion stärker multiperspektiv zu betrachten: In der vorliegenden Arbeit sollen die pädagogisch-didaktischen Themenbereiche ‚Migration' (und ihre Herausforderungen für Gesellschaft, Bildungssystem und Lehrkräfte), ‚Mehrsprachigkeit' (und ihre Herausforderungen für Gesellschaft, Bildungssystem und Lehrkräfte) und ‚Inklusion' (und ihre Herausforderungen für Gesellschaft, Bildungssystem und Lehrkräfte) miteinander verknüpft und diskutiert werden. Es ist dazu erforderlich, den Begriff der Inklusion nicht einzig mit der UN-Behindertenrechtskonvention in Verbindung zu sehen, sondern ihn weiter zu fassen und jegliche Beeinträchtigung mit zu erfassen.

Die Realisierung einer inklusiven Schulentwicklung gestaltet sich im deutschen Bildungssystem bis heute aus unterschiedlichen Gründen schwierig: Einerseits schaffen es die in der Inklusion erfolgreichen Schulen nicht, den notwendigen Bedarf aufzufangen; andererseits gelingt es ihnen auch nur in bedingtem Maße, ihr Wissen und ihre Praxiserfahrungen über Inklusion flächendeckend weiterzugeben. Zugleich zeigt sich im Schulalltag, wenn man genau hinsieht, an vielen Stellen die Notwendigkeit eines Abbaus von Barrieren sowie einer Verbesserung der Lernsituation bzw. ein Eingehen auf spezifische Lernbedarfe und Lernbedürfnisse des einzelnen Schülers. Es geht darum nicht nur wegen völkerrechtlich eingegangener Verpflichtungen, sondern im Interesse der Entwicklung unserer Wissensgesellschaft, die es sich nicht leisten kann, viele Lerner „zurückzulassen". Es geht um eine übergreifende inklusionspädagogische Qualitätsentwicklung, eine Teilhabe aller und eine konsequente Gleichberechtigung im deutschen Bildungssystem.

Debatten über die Anerkennung der heterogenen Rahmenbedingungen – ob aus Perspektive der Bildungsherkunft, der geografischen Herkunft bzw. des kulturellen Hintergrunds, des Geschlechts, der kognitiven, sprachlichen oder geistigen Entwicklung usw. – und damit auch über die Umsetzung eines inklusionspädagogischen Ansatzes dürfen dafür nicht nur theoretisch geführt werden. Die fachdidaktischen Disziplinen der einzelnen Schulfächer müssen sich des Themas annehmen und zur Unterstützung der aktiven und zur Ausbildung künftiger Lehrkräfte auf den spezifischen Lernalltag eingehen und Lösungen dafür entwickeln. Dafür muss etwa analysiert werden, welche Bedarfe im Fremdsprachenunterricht bestehen und welche Konsequenzen daraus für den Unterrichtsalltag sowie die Ausbildungssituation gezogen werden müssen.

Vor dem Hintergrund der hohen Flüchtlingszahlen, die Deutschland und ganz Europa im Jahr 2015 bewältigen, müssen auch die Probleme und Herausforderungen bezogen auf die Kontexte von ‚Migration' und ‚Mehrsprachigkeit' im Sinne inklusiver Bildung konkretisiert werden, denn nur so kann auch auf die Lernbedarfe und -bedürfnisse der nach Deutschland geflüchteten Kinder konkret eingegangen werden. Die geflüchteten Schüler benötigen ganz konkret Unterstützung beim Erwerb der deutschen Sprache.

> [I]t is crucial for children to be capable of following lessons in the language of instruction used at school; otherwise they may feel stressed and anxious, which eventually may lead to behavioural problems and failure at school. (Siarova/ Essomba 2014: 1)

Andererseits kann die kulturelle Vielfalt den Fremdsprachenunterricht gerade im Hinblick auf den Erwerb interkultureller Kompetenzen bereichern. Dazu ist es aber nötig, ganz wie Inklusion fordert, von einer defizitorientierten Betrachtung des Schülers wegzukommen und seine Potenziale stärker in den Vordergrund zu rücken.

Auch wenn ohne Frage umfangreichere finanzielle Mittel für eine gelingende Umsetzung von Inklusion eine wichtige Voraussetzung wären, wird im Laufe dieses Buches sichtbar werden, dass adäquates Handeln und ein entsprechender Wille von Verwaltung, Schulleitung, Lehrern und Schülern bereits vieles bewegen kann. Es soll aber auch aufgezeigt werden, welche Herausforderungen und Probleme sich in einer inklusiven Praxis für das Schulsystem ergeben können und welche Umfeldbedingungen konkret im Fremdsprachenunterricht gegeben sein müssten, damit individuelle Lernbedarfe und -bedürfnisse befriedigt werden können.

Ziel der vorliegenden Arbeit ist es daher, auf zwei Problemkreise, die im Kontext von ‚Migration' und ‚Mehrsprachigkeit' in deutschen Schulen derzeit zu verorten sind, aufmerksam zu machen, und mögliche Schlüsse und Konsequenzen anzuregen: Im Rahmen einer empirischen Untersuchung wurden Berliner Lehrkräfte von Deutschlernklassen für Migrantenkinder („Willkommensklassen"[1]) befragt, welche Probleme und Herausforderungen mit ihrer Arbeit in diesen Klassen verbunden sind.

Des Weiteren soll eine Befragung zukünftiger Fremdsprachenlehrkräfte Aufschluss geben, wie diese auf Inklusion im Bildungs- und Schulsystem, insbesondere konkret im Fremdsprachenunterricht (hier Spanisch, Französisch und Italienisch), vorbereitet werden – dieser zweite empirische Ansatz ergab sich

---

[1]   Die offizielle Bezeichnung lautet *Lerngruppen für Neuzugänge ohne Deutschkenntnisse*. Aufgrund der gängigen Praxis wird im vorliegenden Buch der Begriff „Willkommensklassen" genutzt.

folgerichtig aus den Ergebnissen der empirischen Untersuchung der erstgenannten Lehrkräfte.

1.2 Desiderata in der (romanistischen) Fachdidaktik

Im Kontrast zur intensiven politischen Beschäftigung mit dem Thema ‚Inklusion' ist das Forschungsinteresse aus fachdidaktischer und fremdsprachendidaktischer Perspektive in der Romanistik, wie auch in anderen Philologien, bisher sehr gering. Insbesondere im Kontext von Migration, Mehrsprachigkeit und Inklusion liegen nur marginale Untersuchungen vor, die konkret zeigen, wie inklusive Bildung im Fremdsprachenunterricht (hier im Französisch-, Spanisch- und Italienischunterricht) in einem Regelschulsystem funktionieren kann.

Aus pädagogischer und bildungswissenschaftlicher Perspektive sind viele Arbeiten zur Inklusion zu finden – ihre aufgrund der politischen Aktualität der Thematik hohe Zahl ist kaum mehr zu überblicken. Es soll hier auch nicht auf die zahlreichen, häufig sehr guten Arbeiten eingegangen werden, sondern die Arbeit soll vielmehr als Appell an die Fachdidaktik der einzelnen Fächer, hier vor allem der romanistischen Fachdidaktik, dienen, sich mit dem Thema Inklusion eingehender zu beschäftigen, denn:

> In der Literatur findet sich bisher wenig an Ansätzen, wie inklusiver Unterricht auf bestimmte Lernfelder – seien es tradierte Fächer oder fachübergreifende Bereiche – bezogen werden kann (Hinz 2014: 19).

Wie auch durch die vorliegende Arbeit und die Präsentation der empirischen Ergebnisse deutlich werden wird, fragen sich aktuelle und zukünftige Fremdsprachenlehrkräfte ganz konkret, wie ein inklusiver Ansatz in einem Regelschulsystem (hier im Fremdsprachenunterricht) erfolgen kann und wie konkrete Umsetzungsmöglichkeiten, z.B. die Gestaltung von Unterrichtsmaterialien, aussehen. Im Kontext der Diskussionen um die Ausbildung mehrsprachiger Handlungskompetenzen in einem inklusiven Französisch-, Spanisch- und Italienischunterricht muss die romanistische Fremdsprachendidaktik alltagspraktische Standards und Kriterien aufzeigen, damit erfahrene, junge und zukünftige Lehrkräfte auf die im Fremdsprachenunterricht auftretenden Herausforderungen vorbereitet werden. Bezogen auf das Fach Englisch gibt es bereits Werke, die sich konkret mit der Umsetzung von Inklusion im Unterricht in deutschen Schulen beschäftigen, wobei auch dies noch weiter ausgebaut werden kann (cf. etwa Haß/Kieweg 2012 oder Klein- Landeck 2014).

Es gibt bisher auch nur sehr wenige Arbeiten, die die Bereiche ‚Migration' und ‚Mehrsprachigkeit' mit Inklusion verbinden. Natürlich gibt es vielfältige Ausarbeitungen aus politischer, soziologischer, historischer oder aus linguistischer, literarischer und kultureller Perspektive zu Migration und Mehrsprachigkeit, aber konkret mit dem Konzept der Inklusion verbunden ist kaum etwas zu finden. Dies ist sicherlich hauptsächlich dadurch bedingt, dass die Thematik „Inklusion" bisher meist rein im Kontext von „Behinderung" verortet wurde. Die Fachdidaktik sollte sich grundsätzlich intensiver mit Migration und der damit einhergehenden Mehrsprachigkeit, aber eben auch mit Migration und Mehrsprachigkeit im Kontext von Inklusion auseinandersetzen. Im 2015 erschienenen Sammelband von Fernández Amman/Kropp/Müller-Lancé heißt es:

> Die Fachdidaktik der romanischen Sprachen ist gut beraten, wenn sie das zitierte Forschungsdefizit in diesem Bereich zum Anlass einer intensiven, auch empirisch fundierten Auseinandersetzung mit dem Sprachenlernen migrationsbedingt mehrsprachiger Kinder und Jugendlicher nimmt (Schöpp 2015: 180).

> Im Zusammenhang mit der effektiven Förderung und Nutzung herkunftsbedingter Mehrsprachigkeit und Multikulturalität im schulischen Unterricht sollte sich die Romanistik als traditionell sprachübergreifende universitäre Disziplin folglich ihres Potenzials für die Umsetzung aktueller bildungs- und integrationspolitischer Forderungen bewusst machen (Fernández Amman/Kropp & Müller-Lancé 2015: 20).

Für eine Teilhabe aller und damit einhergehend mit der Anerkennung der Heterogenität muss aber auf individuelle Lernbedarfe aller – eben auch mehrsprachiger Kinder – im Fach- und insbesondere im Fremdsprachenunterricht eingegangen werden. Aufgrund der beschriebenen Aktualität des Themas ist es kaum verständlich, dass die (romanistische) Fachdidaktik und die allgemeine Fremdsprachendidaktik sich dem Phänomen „Migration, Mehrsprachigkeit und Inklusion" bisher nicht annehmen.

1.3 Aufbau der Arbeit

Die vorliegende Arbeit ist auf diese Einleitung folgend in einen theoretischen Teil zur Inklusion und zur Migration und Mehrsprachigkeit (Teil I), einen Teil zur inklusiven Mehrsprachigkeits- und Fremdsprachendidaktik, in dem ausgewählte Umsetzungs- und Gestaltungsmöglichkeiten angeführt werden und einen empirischen Teil mit der Darstellung zweier empirischer Untersuchungen (Teil III) gegliedert. Teil I und Teil II bilden eher die theoretischen Grundlagen der Arbeit, wobei bei diesen Themen praktische Perspektiven nicht außen vor bleiben. Teil III der Arbeit ist als reiner „Praxisteil" zu verstehen, und zwar in der Weise, dass hier aktuelle Probleme und Herausforderungen benannt werden und aufgezeigt wird, was die Lehrkräfte in diesem Kontext vermissen bzw. benötigen, damit ein inklusives Schulsystem, hier immer mit konkretem Bezug auf den Fremdsprachenunterricht, Realität werden kann.

In Teil I wird zunächst ‚Inklusion' in verschiedenen Kontexten betrachtet. Hierbei werden die Unterschiede zwischen Integration und Inklusion verdeutlicht, das Inklusionsverständnis in Politik und Gesellschaft untersucht und die Umsetzung von Inklusion im Bildungssystem betrachtet. Des Weiteren wird analysiert, welcher Zusammenhang zwischen Migration, Mehrsprachigkeit und Fremdsprachendidaktik besteht, um schließlich die drei Bereiche Migration, Mehrsprachigkeit und Inklusion gedanklich zu verbinden und hieraus Ableitungen für den Fremdsprachenunterricht zu ziehen. Gerade weil Inklusion in Deutschland bisher fast nur im Kontext von Behinderung verortet wird, soll hier eine andere Perspektive angesetzt werden. Eine Erweiterung des Verständnisses von Inklusion auf den Kontext von Mehrsprachigkeit und Migration kann Probleme und Vorbehalte eventuell sogar auflösen helfen.

Schließlich soll aus der Theorie (des Teil I) erfasst werden, welche Konsequenzen sich daraus für einen inklusiven Fremdsprachenunterricht ergeben (Teil II). In diesem Kontext wird etwa auf das Lernverständnis inklusiver Bildung allgemein, auf mögliche Unterrichtsansätze und Unterrichtsmethoden sowie auf die Leistungsbeurteilung im Fremdsprachenunterricht eingegangen. Hierbei werden auch konkrete Fallbeispiele dargestellt und schließlich die Bedeutung von Migration und Mehrsprachigkeit für eine inklusive Fremdsprachendidaktik aufgezeigt. Hierbei soll beschrieben werden, was unter einem inklusiven Fremdsprachenunterricht im Kontext von Migration und Mehrsprachigkeit zu verstehen ist, wie die möglichen Lernwege und Lernprozesse aussehen können, welche gesetzlichen Grundlagen auf europäischer und nationaler Ebene bereits bestehen, welche Akteure intensiv betrachtet werden müssen und wie Vorzeigeschulen mit ‚Migration', ‚Mehrsprachigkeit' und ‚Inklusion' umgehen. Hier geht es vor allem um die Perspektive der Mehrsprachigkeitsdidaktik bzw. um die Betrachtung eines inklusiven Fremdsprachenunterrichts im Kontext von Migration und Mehrsprachigkeit mit praktischen Ansätzen zu Gestaltungs- und Umsetzungsmöglichkeiten.

Im letzten großen Teil der Arbeit werden die mit eigenen empirischen Untersuchungen unterfütterte Betrachtung der beiden Problemkreise „Deutschlernklassen" und „Ausbildung von Lehrkräften" im Kontext von Migration, Mehrsprachigkeit und Inklusion dargestellt. Nach der detaillierten Beschreibung der Gegenstände der Untersuchung und der Datenerhebung soll durch die empirischen Untersuchungen erfasst werden, ob Inklusion im Kontext von Migration und Mehrsprachigkeit im deutschen Bildungs- und Schulsystem bereits greift. Hierfür wurden 2014 zunächst Lehrkräfte der so genannten „Willkommensklassen" in Berlin befragt. Dabei waren folgende Fragen leitend: Wie sind die Fremdsprachenlehrkräfte der ‚Willkommensklassen' auf die speziellen Probleme und Herausforderungen vorbereitet worden? Ist ein inklusiver Ansatz erkennbar? Falls nicht, wie könnte ein inklusiver Ansatz Probleme lösen (helfen)? Wie betrachten Fremdsprachenlehrkräfte die Umsetzung von Inklusion im deutschen Bildung- und Schulsystem?

Auf Basis der Antworten der ersten Umfrage unter den Lehrkräften von „Willkommensklassen" und der damit einhergehenden Problematisierung wurde eine weitere Befragung vorgenommen, in diesem Fall zukünftiger Fremdsprachenlehrkräfte. Grund dafür war, dass der Bereich der Ausbildung bzw. der fehlenden Weiterqualifikation in der ersten Untersuchung immer wieder thematisiert wurde und dass stets betont wurde, dass man auf Inklusion im Schulsystem bzw. im Fremdsprachenunterricht nur wenig vorbereitet wurde. Ziel war mittels der zweiten Untersuchung die aktuelle Ausbildungssituation zu analysieren. Hierdurch sollte erstens überprüft werden, ob Mängel bestehen und zweitens sollen eventuell bestehende Bedarfe erfasst werden. Zu diesem Zweck wurden im Jahr 2015 zukünftige Fremdsprachenlehrkräfte zu ihrer Ausbildung an der Johannes-Gutenberg-Universität Mainz und an der Westfälischen Wilhelms-Universität Münster befragt, ob sie mit der Umsetzung von Inklusion, sowie der konkreten Umsetzung im Fremdsprachenunterricht vertraut gemacht werden. Die Arbeit schließt mit einem Fazit und Ausblick.

Anzumerken ist schließlich, dass die im Folgenden erarbeiteten Bezüge zwischen Migration, Mehrsprachigkeit und Inklusion keine Konkurrenzsituation zum Zusammenhang von Inklusion und Behinderung schaffen soll. Es steht, wie der Bericht des UN-Fachausschusses für die Rechte von Menschen mit Behinderung im April 2015 deutlich gemacht hat, außer Frage, dass Deutschland enorme Anstrengungen unternehmen muss, damit Kinder und Jugendliche mit geistiger oder körperlicher Behinderung die Regelschule besuchen können. Vielmehr geht es in dieser Arbeit darum, aufzuzeigen, dass es auch weitere Handlungsbedarfe im Sinne von Inklusion gibt, die nicht im engeren Kontext von Behinderung zu verorten sind und andere Gruppen miteinbeziehen. Dies kann im Idealfall die Umsetzung von Inklusion beschleunigen und mehr Akteure in den Prozess involvieren.

In dieser Arbeit sind bei Verwendung der männlichen Form in der Regel, wenn nicht ausdrücklich ausgeschlossen, Personen des weiblichen Geschlechts inbegriffen – dies dient ausschließlich der Lesbarkeit und stellt keine Wertung dar.

I Inklusion, Migration und Mehrsprachigkeit: Theoretische Grundlagen

Claudia Schlaak

2. Inklusion: Gesellschaftliche Herausforderung und Umsetzung im Bildungssystem in Europa und Deutschland

Inklusion im Bildungssystem hat das oberste Ziel, dass alle Kinder und Jugendliche zusammen lernen können. Es wird davon ausgegangen, dass jedes Kind eine individuelle Förderung benötigt – auch Kinder ohne diagnostizierten Förderbedarf haben demnach das Recht auf eine individuell-spezifische Unterstützung. Damit Kinder mit diagnostizierten Lernbeeinträchtigungen Regelschulen bzw. „normale" Schulklassen besuchen können, müssen Unterschiede als selbstverständlich angenommen und erkannt sowie spezifische Eigenheiten und individuelle Bedarfe von allen Akteuren in der Institution Schule akzeptiert werden.

Während in den nordischen und englischsprachigen Ländern heute bereits fast flächendeckend eine „Pädagogik für alle" (Schega 2004: Absatz 4) betrieben wird, scheint das deutsche Bildungssystem noch weit davon entfernt zu sein. Inklusion sollte in der gesellschaftlichen Debatte zudem nicht auf die Behindertenrechtskonvention reduziert werden. Es geht bei Inklusion nicht um die Berücksichtigung *einer* Gruppe („der Behinderten"), sondern um die Anerkennung der Heterogenität im Allgemeinen und um die Berücksichtigung jedes Einzelnen. Zu den, meist nicht-diagnostizierten, weiteren Unterstützungsbedarfen im „Regelschulsystem" zählen etwa auch Hochbegabung, soziale Benachteiligung, Migrationshintergrund, Ethnie, Geschlecht usw. Da es durch gelebte Inklusion sowieso zu einem Kurswechsel im Bildungssystem kommen muss, sollte gleich die gesamte Vielfalt Berücksichtigung finden. Betrachtet man Inklusion nur in Bezug auf Behinderungen würden ganz entgegen der eigentlichen Intention eine Gruppe bevorzugt und andere Gruppen ausgeschlossen werden. Stößt das bestehende deutsche Schulsystem damit (wirklich schon) an seine Grenzen?

Wenn Inklusion umgesetzt werden soll, müssen wir uns zwar fragen, wie Konzepte aussehen können, bei denen theoretisch ein Kind mit einer körperlichen Beeinträchtigung, ein Kind mit Migrationshintergrund, ein Kind mit Hochbegabung, ein Kind mit einem sozial schwachen Hintergrund, kurz: bis zu

30 Kinder (wie in der Regel im aktuellen Schulsystem pro Klasse) mit unterschiedlichen Lernbedarfen, miteinander lernen können. Natürlich können

> Situationen auftreten bzw. konstruiert werden (z.b. der Fall eines mehrfach und
> geistig behinderten Kindes auf einer sehr frühen Aneignungsstufe der Welt, mit
> hirnorganischer Dysfunktion, blind und s pastisch, einem hohen Pflegeaufwand
> durch Wickeln und Füttern, keinerlei Sprachgebrauch, immer laut schreiend, ...),
> die auf den ersten Blick ein gemeinsames Leben, Lernen und Arbeiten unmöglich
> erscheinen lassen (Feyerer 2011: Kapitel 2),

aber genau dieser Ansatz bzw. das Anführen dieser Argumentation führt nicht
zum Ziel, Inklusion im Schulsystem, im Bildungssystem und in der Gesellschaft
umzusetzen. In der Praxis werden nicht gleich diese Extremfälle auftreten:
Wichtig ist das Bewusstsein, dass alle Individuen wirklich Berücksichtigung im
Unterricht finden und in der Schule gefordert und gefördert werden sollen. In
den nachfolgenden Ausführungen wird zunächst dargestellt, was unter Inklusion
zu verstehen ist.

2.1 Begriffsklärung: Integration und Inklusion

Gesellschaften werden heute weltweit immer vielfältiger, technisierter, miteinander verwoben und voneinander abhängig – darum ist auch das Erlernen mehrerer Sprachen so wichtig. Heterogenität ist damit mehr denn je „normal". Bei
Inklusion geht es um nicht mehr und nicht weniger als einen gesellschaftlichen
Umbruch und einen Mentalitätswechsel der Gesamtgesellschaft: Jeder Mensch,
egal welchen Geschlechts, welcher Herkunft, mit welchen Beeinträchtigungen
usw. soll über sich selbst bestimmen und gesamtgesellschaftlich mitbestimmen
dürfen, in seiner Eigen- und Besonderheit von der Gesellschaft akzeptiert und
dabei nicht ausgegrenzt werden.

Es geht um einen ganzheitlichen Ansatz und damit auch um ein ganzheit-
liches Menschen- und Weltbild, das auch in der Schule bzw. im Bildungssystem
widergespiegelt werden muss (Bintinger/Eichelberger/Wilhelm 2005: 21). Die
Vorreiterrolle des Bildungs- und Schulsystems ist damit zu begründen, dass von
hier aus ein derartiger Umbruch in der Gesellschaft am besten gelingen kann. Es
geht nach Grubich (2005) grundsätzlich darum, ein neues Verständnis von Erziehung und Unterricht in der heutigen Gesellschaft zu entwickeln.

Aufgrund der offenen Grenzen in Europa und Migrationsbewegungen weltweit, der zunehmenden Technisierung unserer Gesellschaften und weiterer Phä-
nomene (v.a. Klimawandel, Terror) sind heutzutage andere Bedarfe und Bedürfnisse an Schule und ihre in der Gestaltung des Unterrichts wichtigsten Akteure
– Lehrkräfte und Schüler – als vor zwanzig oder fünfzig Jahren zu stellen. Alle
Beteiligten sind daher dazu aufgerufen,

> Rahmenbedingungen und Unterricht derart zu gestalten, dass [...] Kinder und
> Jugendliche unter Wahrung ihrer jeweiligen Bedürfnisse unter einem gemein-
> samen Dach miteinander leben, spielen und l ernen können (Bintinger/ Eichel-
> berger/Wilhelm 2005: 20).

Es geht um „Eigenverantwortung, [die] Anerkennung von Individualität und Heterogenität, [...] Kooperation und Solidarität" (Bintinger/Eichelberger/Wilhelm
2005: 22). Hinz fordert übergreifend inklusiv ausgelegte Strukturen, um Heterogenität als eine Bereicherung wahrzunehmen (Hinz 2011: 60-62).

Die beiden Begriffe Integration und Inklusion müssen klar voneinander unterschieden werden. Robeck (2012: 143) beobachtet, dass Integration und Inklusion von vielen im Bildungssystem und in der Schule gleichgesetzt werden. Der
Unterschied ist jedoch entscheidend, um Inklusion tatsächlich verstehen und
umsetzen zu können.

Beide Begriffe meinen, dass alle Kinder zusammen lernen können, das heißt
Kinder mit speziellen Bedarfen gemeinsam mit Kindern ohne (diagnostizierte)
spezielle Bedarfe. Bei *Integration* wird davon ausgegangen, dass die Kinder mit
Förderbedarfen diesen diagnostiziert bekommen und dann dementsprechend in
die Klasse integriert werden. In diesem Kontext werden ganz spezielle finanzielle oder personelle Ressourcen an das Kind gebunden, damit es am Unterricht
der Regelschule teilnehmen kann. In diesem Sinne ist Integration auch eine Art
von Aussonderung, denn es wird festgelegt, was dieses Kind benötigt, damit es
gemeinsam mit der (mutmaßlich) ‚homogenen Masse' lernen kann. Dies ist der
entscheidende Unterschied zur *Inklusion*: Hier wird davon ausgegangen, dass
jedes Individuum einzigartig ist und individuell gefördert und gefordert werden
muss. Die Existenz einer ‚homogenen Masse' wird ausgeschlossen.

Die   folgende   Abbildung   der   *Aktion   Mensch*   (http://www.aktion-
mensch.de/themen-informieren-und-diskutieren/was-ist-inklusion.html, Zugriff:

19.07.2015) macht den Unterschied zwischen *Exklusion*, *Integration* und *Inklusion* deutlich:

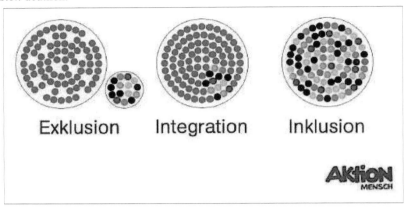

Abbildung 1: Exklusion, Integration, Inklusion im Vergleich

Wird dies noch einmal explizit auf das Bildungs- und Schulsystem angewendet, ist darunter Folgendes zu verstehen: Während bei der *Exklusion* Menschen bzw. bestimmte Gruppen oder Einzelne von der Lerngemeinschaft ausgeschlossen werden, also separat lernen, können bei der *Integration* und *Inklusion* alle Menschen dieser angehören. Bei der *Exklusion* können Menschen auch als nicht bildungsfähig eingestuft werden; der Zugang zum Bildungssystem wird ihnen gegebenenfalls verwehrt (Schwack 2013: 13). Bei der *Integration* ist eine Lerngruppe der Maßstab und bildet die Orientierung. Die neu Hinzukommenden müssen sich dem bestehenden System, der ‚homogenen Masse', anpassen. Hier besteht der gravierende Unterschied zur *Inklusion*: Dabei gibt es faktisch keine dominierende Gruppe. Jeder ist Teil des Ganzen und jeder gestaltet die Lerngemeinschaft mit – alle sind gleichberechtigt und werden je nach ihren Bedarfen bzw. individuellen Ausprägungen gefordert und gefördert sowie im Lernprozess unterstützt. Die personellen und finanziellen Ressourcen werden daher auch nicht von den diagnostizierten Förderbedarfen abhängig gemacht, sondern jeder Schule zugeschrieben. Erdsiek-Rave (2011: 46) erläutert in diesem Kontext:

> Inklusion heißt eben: Das System als Ganzes und zugleich jede einzelne
> Institution, jede Schule muss sich selbst überprüfen und verändern – und nicht

mehr, wie aus der selektiven Tradition abgeleitet, das einzelne Kind darauf prüfen, ob es in das System hineinpasst.

Wenn im Schulsystem Inklusion umgesetzt werden soll, bedeutet dies, dass eine „Schule für alle, die kein Kind ausschließt" (Platte 2005: 49) gestaltet werden muss, wobei es hierfür durchaus unterschiedliche Ansätze geben kann (cf. hierzu Brüsemeister 2004: 41-160).

Eine wichtige Erkenntnis, die bereits angedeutet wurde, sollte noch vor der Beschäftigung mit Inklusion stehen: Homogenität existiert faktisch schon heute nicht, da jede Schulklasse heterogen zusammengesetzt ist: Sei es die soziale Herkunft, der Bildungshintergrund, bestimmte Begabungen, Religionszugehörigkeiten oder spezifische Sprachkenntnisse (Platte 2005: 56). Wenn Lehrkräfte bereits heute ein Verständnis entwickeln würden, dass Heterogenität Realität ist, würde die Diskussion um die Umsetzung von Inklusion wahrscheinlich nicht so schleppend vorangehen. Im Grunde genommen muss nur akzeptiert werden, dass jede Klasse heterogen und jedes Mitglied förderbedürftig ist, dann würde erkannt werden, dass durch die Umsetzung von Inklusion das Schulsystem nicht noch ‚bunter' wird; das ist es schon heute. Es würde jedoch dabei erkannt werden, dass bisher nicht auf alle Bedarfe der Kinder und Jugendlichen eingegangen werden konnte. Hier liegt also auch eine Chance für ein ambitioniertes zukunftsfähiges Bildungs- und Schulsystem.

In der Diskussion um die flächendeckende Einführung bzw. Umsetzung von Inklusion in der Schule ist des Weiteren anzumerken, dass zwischen inklusiver Bildung und inklusiver Schule/inklusivem Schulsystem zu unterscheiden ist. Inklusive Bildung geht über das inklusive Schulsystem hinaus. Hierbei geht es vor allem um das Zusammenleben und um das Miteinanderumgehen im gesamten Bildungssystem, also inklusive nicht-formellem und informellem Lernen sowie lebenslangem Lernen (Deutsche UNESCO-Kommission 2012: 10). Inklusive Bildung bedeutet laut der UNESCO „die Umsetzung eines diskriminierungsfreien Bildungssystems" (Deutsche UNESCO-Kommission 2012: 10). Damit ist gemeint,

> dass allen Menschen – unabhängig von G eschlecht, Behinderung, ethnischer Zugehörigkeit, besonderen Lernbedürfnissen, sozialen oder ökonomischen Voraussetzungen – die gleichen Möglichkeiten offen stehen, an qualitativ

hochwertiger Bildung teilzuhaben und ihre Potenziale zu entwickeln (Deutsche UNESCO-Kommission 2012: 10).

Im Kontext der Umsetzung von Inklusion in der Schule bzw. inklusiver Bildung haben sich verschiedene Expertenkreise gegründet. Dazu gehört etwa der Expertenkreis „Inklusive Bildung" der Deutschen UNESCO-Kommission, der vor allem auf Ebene der Kommunen ansetzt (Deutsche UNESCO-Kommission 2012: 7, 9, 16). Aber auch in den Ministerien der Länder sowie in verschiedenen Organisationen und Stiftungen wird – meist mit einem speziellen Schwerpunkt – inzwischen lebhaft diskutiert, wie inklusive Bildung bzw. ein inklusiver Ansatz im Schul- und Bildungsbereich umgesetzt werden kann. Es kommt also Bewegung in die Debatten und auch in die Schulen vor Ort.

Wie den nachfolgenden Ausführungen, vor allem im dritten Teil der Arbeit, zu entnehmen sein wird, ist man im deutschen System trotzdem noch weit davon entfernt, Inklusion im Schulsystem zu praktizieren, vielmehr kann man derzeit bestenfalls von stellenweise funktionierender Integration sprechen. Auch wenn es höchst komplex ist, Inklusion im Schul- und im Bildungssystem umzusetzen und ein System zu schaffen, „welches so flexibel angelegt werden kann, dass es die Stärken und Schwächen jedes Einzelnen mit einbeziehe und auf sie reagieren kann" (Schwack 2013: 16), ist es, wie andere Länder zeigen, ganz sicher auch in Deutschland möglich und gerade angesichts neuer Herausforderungen an unser Bildungssystems auch nötig. Letztlich führt kein Weg daran vorbei – es kommt umso mehr auf die konkrete Ausgestaltung dieses Wandlungsprozesses an.

2.2 Rechtlich-politischer Rahmen und Status quo in Deutschland

Mit dem Beitritt zur Behindertenrechtskonvention übernahm Deutschland die innerstaatliche völkerrechtliche Verpflichtung, dass behinderte Menschen „nicht [...] vom allgemeinen Bildungssystem ausgeschlossen werden" und dass sie „gleichberechtigt mit anderen in der Gemeinschaft, in der sie leben" (Behindertenrechtskonvention 2006/2008: Artikel 24; siehe Artikel 24 im Anhang 3) sein sollen. Die UN-Konvention wurde 2006 beschlossen, trat 2008 in Kraft; 2009 wurde die BRD Vertragsstaat. Anknüpfend an das gesamte Paket der Menschenrechtserklärungen und -konventionen seit 1948 geht es um das Ziel einer konsequenten Gleichstellung aller Menschen und um ein Neuverständnis von

Menschen mit Beeinträchtigungen, denn „Behinderungen sind ein Bestandteil menschlichen Lebens und der menschlichen Gesellschaft, sie sollten als Merkmal kultureller Vielfalt betrachtet werden" (Hirschberg 2011: 22). Anerkannt werden soll in de n Unterzeichnerstaaten, dass die Gesellschaft durch Heterogenität gekennzeichnet ist und dass dabei nicht explizit bezogen auf bestimmte Gruppen bzw. Schichten der Gesellschaft Ausnahmen zu machen sind.

Mit Bezug auf die UN-Behindertenrechtskonvention, die zweifelsohne ein bedeutender Fortschritt im Völkerrecht mit Individualwirkung war, wird heute in der Diskussion um Inklusion meist das Thema ‚Behinderung' in den Vordergrund gestellt. Behinderung im Sinne der Konvention meint aber eigentlich nicht nur geistige oder körperliche Behinderung, sondern fasst den Begriff weiter als er im deutschen Sprachverständnis in der Regel verwendet wird. Die Umsetzung von Inklusion muss daher auch weiter gehen, denn ihr Grundprinzip ist die explizite Beachtung *aller* Individuen. Es geht damit schließlich auch um Bildung für *alle*. Jeder Einzelne muss, wenn man das Übereinkommen konsequent weiterdenkt, speziell gefördert werden, jeder hat spezifische Bedürfnisse, auf die eingegangen werden müsste. Dies bedeutet eben konkret auch, dass *alle* Kinder und Jugendlichen im Schulsystem das Recht haben, an einer Regelschule unterrichtet zu werden und dort mit anderen Kindern und Jugendlichen gemeinsam zu lernen – egal welchen „Makel" oder „Marker" sie eventuell haben.

Dies wird durch weitere internationale Konventionen bekräftigt: Zu nennen wären konkret beispielsweise Artikel 13 im Internationalen Pakt über wirtschaftliche, soziale und kulturelle Rechte (Anhang 4) oder Artikel 28 im Übereinkommen über die Rechte des Kindes (Anhang 5). Die nachstehende Abbildung zeigt, in welchen internationalen Übereinkommen und Erklärungen Inklusion direkt oder indirekt thematisiert wird. Von 1948 mit der Allgemeinen Erklärung der Menschenrechte bis 2007 mit der UN-Erklärung zu den Rechten indigener Völker sind es nach dieser Aufstellung (Deutsche UNESCO-Kommission 2014: 11) elf internationale Übereinkommen und E rklärungen zur Förderung von Inklusion:

2007	UN-Erklärung zu den Rechten indigener Völker
2006	Übereinkommen über die Rechte von Menschen mit Behinderungen
2005	Übereinkommen über den Schutz und die Förderung der Vielfalt kultureller Ausdrucksformen
1999	Internationales Übereinkommen über das Verbot und unverzügliche Maßnahmen zur Beseitigung der schlimmsten Formen der Kinderarbeit
1990	Internationales Übereinkomme zum Schutz der Rechte aller Wanderarbeitnehmer und ihrer Familienangehörigen
1989	Übereinkommen über die Rechte des Kindes (Kinderrechtskonvention)
1989	Übereinkommen über eingeborene und in Stämmen lebende Völker
1979	Übereinkommen zur Beseitigung jeder Form der Diskriminierung der Frau
1965	Internationales Übereinkommen zur Beseitigung aller Formen von Rassendiskriminierung
1960	Übereinkommen gegen Diskriminierung in der Bildung
1948	Allgemeine Erklärung der Menschenrechte

**Abbildung 2: Internationale Übereinkommen
und Erklärungen zur Förderung von Inklusion**

Inklusion war als Konzept also nicht schon immer so eng mit dem Thema Behinderung verbunden. Schon weit vor der Behindertenrechtskonvention, etwa mit der Erklärung von Jomtien zu „Bildung für Alle" 1990, mit der Weltbildungsministerkonferenz in Dakar 2000, mit der Salamanca-Erklärung der UNESCO von 1994 oder mit dem Bildungsprogramm der UNESCO „Bildung für Alle" (cf. hierzu Deutsche UNESCO-Kommission 2012: 11; Platte 2005: 63-67) wird seit mehr als drei Jahrzehnten politisch festgehalten, dass ein universeller Bildungszugang erreicht werden muss und jeder das Recht hat, gefordert und gefördert zu werden. Wenn das mit dem UNESCO-Aktionsplan „Bildung für Alle" verbundene Ziel eingehalten werden soll, ist ein inklusiver Ansatz zwingend notwendig.

Im Vergleich zu anderen europäischen Ländern ist markant, dass Deutschland mit die höchsten Sonderschulbesuchsquoten in seinem Bildungssystem aufweist (cf. Schöler/Merz-Atalik/Dorrance 2010: 26f.) – dies ist ein deutlicher Hinweis, dass derzeit noch der Modus der Exklusion dominiert. Zwar kann an dieser Stelle eingewendet werden, dass andere Länder sich um förderbedürftige Schüler mutmaßlich weniger kümmern und daher keine spezielle Förderung vornehmen, doch muss im Sinne von Inklusion darauf hingewiesen werden, dass bei allen guten Absichten diese Form der Beschulung in Deutschland zur Aussonderung führt; Sonderschulen fördern zumindest nicht die Akzeptanz von Vielfalt in der Gesellschaft.

Die Deutsche UNESCO-Kommission gibt an, dass es in Europa 2011 „rund 15 Millionen Kinder mit sonderpädagogischem Förderungsbedarf" (http://www.unesco.de/inklusive_bildung_europa.html, Zugriff: 18.08.2015) gab. In Deutschland besuchten im selben Jahr fast fünf Prozent der Schüler eine Förderschule. In vielen anderen europäischen Ländern liegt der Anteil dagegen bei nicht einmal ein Prozent. Im Vergleich zu anderen europäischen Ländern ist entsprechend der Stellenwert gesonderter Bildungseinrichtungen in Deutschland besonders hoch. In südeuropäischen und skandinavischen Ländern existieren diese Einrichtungen dagegen kaum.

[I]m Schuljahr 2010/2011 [wurden] von den ca. 486.000 S chülerinnen und Schülern mit sonderpädagogischem Förderbedarf 77% in separaten Förderschulen unterrichtet. Nur etwas mehr als 20% der Kinder mit sonderpädagogischem Förderbedarf besuchen eine Regelschule (Deutsche UNESCO-Kommission 2012: 13).

Folgende Abbildung[2], die von der Deutschen UNESCO-Kommission publiziert wurde, zeigt den Anteil (in %) von Sonderschulen im europäischen Vergleich (http://www.unesco.de/inklusive_bildung_europa.html, Zugriff am 18.08.2015):

---

[2]   Die Daten für diese Abbildung stammen von der European Agency for Development in Special Needs Education: Special Needs Education - Country Data 2010 (aktualisiert Dezember 2011) zitiert nach http://www.unesco.de/inklusive_bildung_europa.html, Zugriff: 18.08.2015).

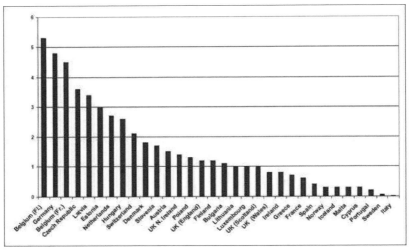

Abbildung 3: Anteil (in %) von Sonderschulen im europäischen Vergleich

Deutschland hat demnach schlechte Ausgangsbedingungen zur schnellen Umsetzung von Inklusion in seinem Bildungssystem. Die Vorsitzende des Expertenkreises „Inklusive Bildung" der Deutschen UNESCO-Kommission schätzt die Situation wie folgt ein: „Von Gleichheit der Lebensverhältnisse kann für Kinder mit Förderbedarf und ihre Eltern nicht die Rede sein" (Erdsiek-Rave 2011: 39). Die angesprochene „Gleichwertigkeit der Lebensverhältnisse" ist in Artikel 72 des deutschen Grundgesetzes festgeschrieben. Der Föderalismus und 16 verschiedene Schulgesetze erschweren jedoch eine flächendeckende und übergreifende Umsetzung von Inklusion in Deutschland zusätzlich.

Die verschiedenen Bundesländer gehen die Einführung bzw. die Umsetzung von unterschiedlichen Ausgangspunkten und mit unterschiedlichen Strategien an. In Schleswig-Holstein bestand im Schuljahr 2010/2011 eine „Exklusionsquote" in Höhe von 2,8 Prozent. In Mecklenburg-Vorpommern lag die Quote zur selben Zeit bei ganzen 8 Prozent (Deutsche UNESCO-Kommission 2012: 13). Selbst wenn bereits nach und nach Sonderschulen geschlossen wurden und die dort tätigen Pädagogen an Regelschulen gewechselt sind, muss konstatiert werden, dass nach übereinstimmenden Expertenschätzungen nur etwa ein Prozent der betroffenen Kinder und Jugendlichen eine Sondereinrichtung besuchen müssten, wie andere europäische Länder wie Frankreich, Norwegen oder

Schweden vormachen. Die Situation im deutschen Bildungssystem ist also derzeit noch stark von Exklusion geprägt. Es sollte aber auch angemerkt werden, dass ein einheitlicher Ansatz bezogen auf Inklusion nur bedingt möglich ist. Gerade auch auf internationaler Ebene ist festzustellen, dass „unterschiedliche Positionen zu der Frage, wie eng oder weit der inklusive Blick zu fassen ist" (Hinz 2014: 7) existieren.

Selbst wenn derzeit in Deutschland ein Bewusstsein im Entstehen begriffen ist, dass ein inklusives Schul- und Bildungssystem entwickelt werden muss, besteht im politischen Raum für die Bildungsminister und -senatoren gegenüber ihren Kabinettskollegen das Problem, dass die Umsetzung der UN-Behindertenrechtskonvention unter „Haushaltsvorbehalt" steht (Schöler/Merz-Atalik/ Dorrance 2010: 25, 32-37). So entsteht also das Dilemma, dass Inklusion aus bildungspolitischer Sicht gewollt ist, eine konsequente Umsetzungspolitik aufgrund fehlenden Geldes dafür aber vielerorts nicht betrieben werden kann. Schwack (2013: 14) beklagt, dass aktuell nicht für jedes Kind eine inklusive Lernumgebung geschaffen werden kann, weil hierfür nicht die finanziellen Mittel vorhanden sind. Doch beruht der Haushaltsvorbehalt im Grunde auf einem Trugschluss, denn es wird perspektivisch teurer,

> mangelhaft ausgebildete junge Menschen nachträglich zu qualifizieren und zu versorgen, als ihnen von Anfang an eine gute Bildung zu ermöglichen, die zu besseren Chancen auf dem Arbeitsmarkt und z u besseren Chancen auf ein selbstbestimmtes Leben führt (Deutsche UNESCO-Kommission 2014: 11).

Gleichwohl ist unabhängig von der Finanzierungssituation „die Vision einer Schule für alle wichtig, weil sie für das pädagogische, politische und administrative Handeln richtungweisend sein kann" (Feyerer 2011: Kapitel 1). Man kann allen, die die Nicht-Umsetzung von Inklusion auf fehlendes Geld schieben, nur entgegenhalten, dass sich allein durch Handeln und Umdenken der Akteure einiges bewirken lässt – dies kostet in der Regel kein Geld. Gleichwohl ist positiv zu formulieren, dass zumindest ein Umdenken zu erkennen ist und eine Umsetzung von Inklusion angestrebt wird (Wansing 2013: 73), wie einige Gute-Praxis-Beispiele zeigen. Diese Beispiele zeigen übrigens auch, dass Inklusion dann fast spielend leicht weiter gefasst werden kann als es im allgemeinen Verständnis durch den Beitritt zur Behindertenrechtskonvention erfolgt ist bzw.

seitdem immer verbunden wird. Ausgrenzungen bzw. gesellschaftliche Diskriminierung müssen übergreifend verhindert werden, nur so kann eine erfolgreiche Umsetzung gelingen (Conradi 2009: 106-109).

Im aktuellen Bericht durch den UN-Fachausschuss für die Rechte von Menschen mit Behinderungen (Vereinte Nationen/Ausschuss für die Rechte von
Menschen mit Behinderungen 2015; Aichele/Litschke 2014: 2) wurden zahlreiche Monita zur Umsetzung der Behindertenrechtskonvention in Deutschland
festgestellt. Auf *Zeit online* war zu lesen, Deutschland „bekäme wohl eine glatte
Fünf" (http://blog.zeit.de/stufenlos/2015/04/20/un-ausschuss-inklusion-deutsch
land-magelhaft/, Zugriff: 14.09.2015), wenn man mit dem aktuellen Schul-
notensystem eine Bewertung vornehmen würde. Der „Menschenrechtsansatz der
Konvention [sei …] in vielen Bereichen weder verstanden noch umgesetzt worden" (http://blog.zeit.de/stufenlos/2015/04/20/un-ausschuss-inklusion-deutsch
land-magelhaft/, Zugriff: 14.09.2015). Dies betreffe Bundes-, Länder- und
Kommunalebene gleichermaßen.

In dem Bericht werden „Maßnahmen zur Förderung, zum Schutz und zur
Gewährleistung der Rechte" (Vereinte Nationen/Ausschuss für die Rechte von
Menschen mit Behinderungen 2015: 2) gefordert, denn der Ausschuss sieht es
äußerst kritisch, dass in Deutschland „Menschen mit Behinderungen die sinn-
stiftende und wirksame Partizipation an ihr Leben berührenden Entscheidungen
nicht garantiert wird" (ibid: 2).

Zahlreiche Gesellschaftsbereiche werden konkret benannt: Öffentlich-recht-
liche und private Rundfunkanstalten müssten verstärkt den Gebrauch der Gebärdensprache einführen und es müsste eine konkrete Strategie vorgelegt werden,
wie Menschen mit Behinderungen bei der Katastrophenabwehr geschützt werden (ibid: 5).

Auch im Bildungsbereich wurden gravierende Monita benannt: Beispielsweise wird kritisch gesehen, dass „die Eltern von Kindern mit Behinderungen
nicht frei über die Art der Bildung und Dienstleistungen für ihre Kinder
entscheiden können" (ibid: 4). So ist der Ausschuss „besorgt darüber, dass der
Großteil der Schülerinnen und Schüler mit Behinderungen in dem Bildungssystem des Vertragsstaats segregierte Förderschulen besucht" (ibid: 8). Es muss
schnellstens eine Strategie entwickelt werden, damit in allen Ländern der

„Zugang zu einem qualitativ hochwertigen, inklusiven Bildungssystem" (ibid: 8) hergestellt werden kann.

In diesem Kontext werden auch die hierfür notwendigen Finanz- und Personalressourcen benannt. Es wird gefordert, „dass Regelschulen mit sofortiger Wirkung Kinder mit Behinderungen aufnehmen, sofern dies deren Willensentscheidung ist" (ibid: 8). Weitere Bedarfe, die sofort umgesetzt werden müssten, sind etwa

> die Schulung aller Lehrkräfte auf dem Gebiet der inklusiven Bildung sowie die erhöhte Barrierefreiheit des schulischen Umfelds, der Schulmaterialien und der Lehrpläne und di e Bereitstellung von G ebärdensprache in den regulären Bildungseinrichtungen, einschließlich für Postdoktoranden, sicherzustellen (ibid: 9).

Es bleibt daher aktuell nur der Deutschen UNESCO-Kommission zuzustimmen, dass im

> Vergleich mit vielen seiner europäischen Nachbarn [...] Deutschland Nachholbedarf [hat]. Es sind systematische Anstrengungen notwendig, um Exklusion im deutschen Bildungswesen zu überwinden und Inklusion als Leitbild für Bildungspolitik und -praxis zu etablieren. Barrieren müssen zügig abgebaut, Ressourcen zur Verfügung gestellt und di e erforderlichen Strukturen eines inklusiven Bildungssystems weiter aufgebaut werden, um Inklusion umfassend in allen Bildungsbereichen zu ermöglichen und di e Qualität der Bildung zu steigern (Deutsche UNESCO-Kommission 2014: 11).

Ausgehend von der Unantastbarkeit der Menschenrechte, der Achtung des Individuums und seiner Freiheiten muss auch im deutschen Bildungssystem anerkannt werden, dass jeder Mensch individuell gefordert und gefördert werden muss. Jeder hat das Recht auf Nahrung, Wohnraum, aber auch Bildungszugang – diese Erfordernisse sind für alle gleich, lediglich die Frage der konkreten staatlichen Unterstützung ist gegebenenfalls auf die individuellen Bedürfnisse anzupassen.

2.3 Umsetzung von Inklusion in der Gesellschaft und im Bildungswesen

In Zeiten der (wieder) zunehmenden Migrationsbewegungen in Europa und der sich beschleunigenden Globalisierung muss anerkannt werden, dass unsere Gesellschaft vielfältiger und interkultureller wird. Diese Vielfalt bedingt eben auch unterschiedlichen Unterstützungsbedarf beim Lernen. Spannungen, Kontroversen, Konflikte bleiben nicht aus – daher wäre es auch ein Irrglauben anzunehmen, dass Inklusion ohne Probleme funktionieren könnte, aber es gibt den Traum

> von einer inklusiven Bildungslandschaft, in der es weder Gymnasien, noch Sonderschulen noch auch Privatschulen gibt. Es ist der Traum von e inem inklusiven Leben, das alle Altersstufen und a lle Lebensbereiche vom Kindergarten über die Schule bis hin zu Beruf und Freizeit umfasst. Und es ist der Traum von einer inklusiven Gesellschaft, die keine marginalisierten Gruppen, keine Diskriminierungen durch ‚gender', ‚race', ‚class', ‚ability' und anderes mehr kennt (Wocken 2009: 18).

„Inklusion soll nicht nur Leitidee für das Bildungswesen, sondern Grundprinzip des Zusammenlebens von Menschen in ihrem Umfeld sein" (Deutsche UNESCO-Kommission 2012: 8). Inklusion kann natürlich nicht nur in einem Teil des Lebens funktionieren. Auch nach der Schule muss es darum gehen – im Studium oder in der Ausbildung – auf die individuellen Bedürfnisse aller Lernenden einzugehen. Und auch im weiteren Leben – im Beruf und im privaten Alltag – soll die Idee für unsere Gesellschaft leitend werden. Wie sich historisch nachweisen lässt, ist die Schule ein wichtiger Nukleus für neue Entwicklungen, der gesellschaftliche Werte und Traditionen langfristig prägt. Hier gelebte Werte werden auch an die Gesellschaft weitergegeben bzw. beeinflussen die Gesellschaftsstruktur. Die Schule als Instanz zur Umsetzung von Inklusion ist daher wichtig; man kann nicht in allen Bereichen gleichzeitig anfangen, Inklusion umzusetzen. Die Förderung eines inklusiven Bildungssystems ist daher besonders wichtig.

Laut der UNESCO ist inklusive Bildung „als die Umsetzung eines diskriminierungsfreien Bildungssystem" (Deutsche UNESCO-Kommission 2012: 10) zu verstehen. Jedes Kind und jeder Jugendliche ist ‚besonders'. Inklusion rückt „die unterschiedlichen Bedürfnisse aller Lernenden in den Mittelpunkt [und begreift …] Vielfalt als Chance für Lern- und Bildungsprozesse" (Deutsche UNESCO-Kommission 2012: 10).

Unter Inklusion wird trotzdem meist allein die Integration von Personen mit körperlicher oder geistiger Beeinträchtigung bzw. Behinderung verstanden, doch belegt die Definition, dass Inklusion auch andere Personengruppen, die eine „Benachteiligung" erfahren (haben), erfassen soll. Wenn man gewillt ist, kann man bei jedem Kind und jedem Jugendlichen eine ‚besondere' Schwäche diagnostizieren. Im Bildungssystem sollte es um die Gemeinschaft aller Lernenden gehen. Daher stellt sich auch grundsätzlich die Frage, ob wirklich – defizitorientiert – immer von einer Beeinträchtigung ausgegangen werden muss. Es geht um ein Umdenken: Es sollte eigentlich nicht darum gehen, festzustellen, welche Schwäche der Lerner hat, sondern wie dieser aufgrund seiner Besonderheiten und seiner individuellen Bedürfnisse unterstützt werden kann. So bezieht sich Inklusion

> auf alle Aspekte der Vielfalt von M enschen, seien es unterschiedliche Fähigkeiten, Geschlechterrollen, ethnische Herkünfte, Nationalitäten, Erstsprachen, Hautfarben, soziale Milieus, Religionen, sexuelle Vorlieben, körperliche Bedingungen, politische und philosophische Orientierungen und andere mehr (Hinz 2014: 8).

Insgesamt ist noch einmal darauf hinzuweisen, dass Inklusion keine „neue Erfindung" ist, sondern bereits seit Jahrzehnten politisch und gesellschaftlich gefordert wird. Wenn die didaktische Perspektive hinzugezogen wird, fällt zudem auf, dass Inklusion „im Zusammenhang zurückliegender und zeitgeschichtlicher Entwicklungen, gewachsener Überzeugungen, Muster und Gewordenheiten und daraus resultierender gesellschaftlicher Strukturen" (Platte 2005: 125) steht. Wie Platte (2005: 126-129) weiter ausführt, kann die Öffnung bzw. die didaktische Vergangenheit des Ansatzes von Bildung für alle bereits im 17. Jahrhundert verortet werden. Bereits hier begann man, vielen Menschen den Zugang zur Bildung zu ermöglichen; dieser Ansatz wurde und wird weiter ausgebaut. Faktisch gipfelt er heute im inklusiven Ansatz (cf. hierzu Platte 2005: 125-203). Die Vorsitzende des Expertenkreises „Inklusive Bildung" der Deutschen UNESCO-Kommission erklärt:

> Damit Inklusion aber zum Leitbild einer Gesellschaft, damit inklusive Bildung zum Leitprinzip der Bildungspolitik werden kann, bedarf es mehr als der Anstrengung Einzelner und mehr auch als der Schulgesetzgebung in sechzehn Bundesländern. Zu wenig noch sind die Aktivitäten in den Bundesländern miteinander verknüpft, zu wenig noch die Forschung, die Verbände, die Lehrerorganisationen, die Eltern auf Bundesebene miteinander vernetzt (Erdsiek-Rave 2011: 48).

In der Diskussion um das Grundprinzip Inklusion gibt es in der Gesellschaft eigentlich keine Gegner (Wocken 2010: 25), da keiner in einer demokratischen Gesellschaft offensiv für Aussonderung, Ausschluss und Exklusion eintreten würde. Dennoch gibt es jene, die „für Inklusion ein höfliches Lippenbekenntnis erübrigen können, aber an der weiteres Existenz von Sonderschulen unverbrüchlich festhalten" (Wocken 2010: 25). Im Kontext spezifischer Förderung und der momentan nicht flächendeckend umgesetzten Inklusion in den Regelschulen erscheint dies aus Sicht kritischer Lehrer oder Eltern stellenweise sogar verständlich. Es werden verschiedene Argumentationslinien angeführt: Die Kritiker argumentieren, dass man an dem aktuellen Schulsystem festhalten müsse, um die vermeintlich vorhandene Homogenität zu bewahren (Wocken 2010: 26-27). Nur so könne man optimale Grundlagen für das erfolgreiche Lehren und Lernen schaffen. Sie vertreten die Auffassung, dass auf individuelle Bedürfnisse in größeren Gruppen realistischerweise nicht eingegangen werden könne. Wenn Gruppen mit gleichen Anforderungen gemeinsam lernen, könnten dagegen die Lehrkräfte einfach „gleichen Unterricht mit gleichen Zielen, den gleichen Inhalten und den gleichen Methoden" (Wocken 2010: 27) durchführen. Mit dem Argument des Elternwillens und des Kindeswohls wird hier genauso argumentiert wie beim heterogenen Ansatz. Es wird auf der einen Seite konkret formuliert, dass sich Eltern eine individuellere Betreuung in Extra-Klassen/Extra-Einrichtungen wünschen. Auf der anderen Seite wird argumentiert, dass Eltern die Integration in Regelklassen befürworten. Die persönliche Einstellung ist jeweils eine andere (Wocken 2010: 29-31), denn so würden bei dem einen Ansatz weiterhin die vermeintlich ,Starken' und die vermeintlich ,Schwachen' unter sich bleiben; andersherum geht es um das gemeinsame Lernen und um die Betonung der Möglichkeiten des sich gegenseitigen Bereicherns. Inklusion hat jedoch bei Weitem nicht nur eine positive Wirkung für die ,Schwachen', sondern auch die ,Starken' lernen dabei etwas. Für die Gesellschaft ist der Effekt sowieso positiv: Durch Austausch, Kennenlernen, Aufeinanderzugehen entstehen Akzeptanz, Offenheit und Toleranz.

Mendez (2012) führt aus, dass bei der Umsetzung von Inklusion in einer Schule zahlreiche Probleme auftreten können: Auch wenn das Fehlen von Hilfestellungen für Eltern und Lehrkräfte, starre Lehrplanvorgaben, veraltete schulische Selbstverständnisse, die mangelnde Ausbildung der Lehrer oder konkrete Ängste als jeweils eigene Problemkreise erkannt und beseitigt werden müssen, zeigen all diese im Bündel auf, dass das Schulsystem insgesamt re- bzw. neu formiert werden müsste, damit Inklusion erfolgreich in Deutschland umgesetzt werden kann. Doch sollte man vor diesem Problembündel nicht in Angststarre verfallen und nur deswegen einfach weitermachen wie bisher. Es gibt nämlich auch einige Stellschrauben, an denen gedreht werden kann, um einen inklusiven Weg zu gehen, und die gar nicht allzu viele finanzielle Mittel brauchen. Aber in seiner Gesamtheit bedarf es natürlich finanzieller Grundlagen, damit das Bildungs- und Schulsystem inklusiv ausgerichtet werden kann. In diesem Kontext führen logischerweise die dauerhaften Kürzungen und Einsparungen zu erheblichen Problemen, so dass auch Befürworter von Inklusion sehr deutlich die Grenzen bei der Umsetzung sehen (Baumgardt/Semmel/Hirschmann 2014: 7).

Ein grundsätzliches Problem ist – wie bei vielen anderen Veränderungen –, dass Inklusion im Kopf beginnen muss (cf. u.a. Heyl/Trumpa/Janz/Seifried 2014). Dies klingt sehr simpel, ist jedoch im Alltag schwer umzusetzen. Insbesondere im Kontext von Inklusion und Leistung scheinen beispielsweise Ängste vorhanden, denn es wird stellenweise noch davon ausgegangen, dass mit der Umsetzung von Inklusion auch ein Leistungsabfall einhergeht – dies wurde etwa von Eltern, deren Kinder am Gymnasium lernen, oft angegeben (cf. u.a. Heyl/Trumpa/Janz/Seifried 2014: 45). Ein inklusives Bildungs- und Schulsystem bedeutet aber nicht automatisch ein leistungsdefizitäres System. Der pädagogische Ansatz wird sich jedoch ändern müssen: Wenn die Bildungs- und Erziehungsaufträge wirklich umgesetzt werden sollen, dann muss „die Persönlichkeitsentwicklung der SchülerInnen (Ich) sowie das Zusammenleben und -arbeiten aller an Schule Beteiligten (Wir)" (Heinold 2014: 121) gestärkt werden. Dies ist bisher nur selten im wahren Schulleben zu finden, wäre aber zur Umsetzung von Inklusion zwingend notwendig bzw. wird bei der Umsetzung von Inklusion stärker in den Vordergrund rücken.

Die einzelnen Akteure müssen sich demnach ändern, allen voran die Lehrperson, denn erst wenn

> sich der Lehrer als das versteht, als was er „erfunden" worden ist, als Helfer, Förderer und Trainer, wird er begrüßen, die Robe des Richters abzulegen und die

schicksalhaften Entscheidungen über die Aufnahme in diverse Institutionen den dort Tätigen überlassen zu dürfen (Vierlinger 2005: 219).

Ein weiteres, wesentliches Problem ist vor allem, dass sowohl Eltern als auch Lehrkräfte Hilfestellungen benötigen, damit Inklusion – vor allem nach der Grundschulzeit – besser umgesetzt werden kann.

In „jenem Maß, wie Inklusion im schulischen Bereich zur Selbstverständlichkeit wird, wird sich auch der nachschulische Bereich verändern" (Feyerer 2011: Kapitel 1). Daher muss die Umsetzung von Inklusion im Bildungs- und Schulsystem beginnen, in anderen Gesellschaftsbereichen wie etwa in der Arbeitswelt (cf. hierzu Ginnold 2000) oder in der Kulturproduktion wird inklusives Handeln folgen. Bildung bildet die Grundlage, um Inklusion zu erreichen, denn an ihr wird die Kultur des Zusammenlebens sichtbar (Lapp 2005: 324). Zudem kann ehrlicherweise nicht überall angesetzt und alles auf einmal verändert werden.

Inklusion erfordert zunächst einmal eine kritische Auseinandersetzung mit gesellschaftlichen Einstellungen und Werten. Solch ein Wandel braucht Zeit und erfordert erhebliche Neubewertungen von Konzepten und Rollenverhalten. Die Bewusstseinsbildung sollte auf einem klaren, gemeinsamen Verständnis von inklusiver Bildung aufbauen und das Ziel einer toleranten und offenen Gesellschaft verfolgen (Deutsche UNESCO-Kommission 2014: 24).

3. Mehrsprachigkeit und Migration

Deutschland wird spätestens seit den 1960er Jahren gesellschaftlich bunter – durch Zuwanderer kommt es zu zahlreichen neuen Sprach- und Kulturkontakten, die einen Gesellschaftswandel bedingen. Diese Veränderungen wurden und werden auch im Bildungs- und Schulsystem sichtbar; die Heterogenität der Schülerschaft nahm und nimmt durch weitere Migrationsbewegungen bis heute weiterhin zu. Dies wirft nicht nur Probleme auf, sondern hat auch das Potenzial, gerade im Fremdsprachenunterricht positive Effekte zu haben. Denn wenn verschiedene Sprachen aufeinandertreffen,

> Migrants' mother tongues might be an effective support mechanism for host language learning, help to promote diversity in schools as an important element of intercultural education, and can facilitate children's general learning at school (Siarova/Essomba 2014: 5).

Die positiven Effekte, die durch die kulturelle und sprachliche Vielfalt entstehen können, werden heutzutage im deutschen Bildungs- und Schulsystem aber nur selten gesehen, geschweige denn genutzt; dabei könnte der Fremdsprachenunterricht stark davon profitieren.

Nachdem im zweiten Kapitel erarbeitet wurde, was unter ‚Inklusion' zu verstehen ist, soll in diesem Kapitel erfasst werden, was ‚Migration' und ‚Mehrsprachigkeit' im pädagogischen Kontext bedeuten und welche gesellschaftlichen Chancen und Herausforderungen damit verbunden werden können. Es soll zudem aufgezeigt werden, wie diese Konzepte mit einer inklusiven Fremdsprachendidaktik Hand in Hand gehen können. Im vierten Kapitel werden auf dieser Basis dann konkrete Gestaltungs- und Umsetzungsmöglichkeiten vorgestellt.

3.1 Migration und daraus folgende Mehrsprachigkeit

Es gibt spezifische Gründe, warum Menschen aus einem Land bzw. einem Gebiet emigrieren, und spezielle Anreize, in ein anderes Land einzuwandern. Zu ersteren gehören beispielsweise individuelle (z.B. familiäre Situation) und gruppenspezifische (z.B. politische Situation in einem Land) Faktoren. Der derzeit aktuelle weltpolitische Kontext bedingt, dass viele Menschen vor Krieg und Vertreibung fliehen müssen und u.a. nach Deutschland kommen, weil sie hier in relativer Sicherheit sind und Deutschland als eines der reichsten Länder weltweit ein recht umfassendes Asylrecht in seiner Verfassung verankert hat. Hier versuchen sich Flüchtlinge nun in ein Land zu integrieren, in dem sie meist eine neue Sprache erlernen und die hiesige Kultur verstehen müssen. In den verschiedenen gesellschaftlichen Bereichen kommt es dabei zu einem Sprach- und Kulturtransfer. Dies kann im Ergebnis zu einer sozialen und sprachlichen Isolation der Migranten oder zu einer erfolgreichen Integration in die Auf- nahmegesellschaft führen – mit mehreren denkbaren Zwischenstufen. Damit Migranten eine echte Chance auf Integration in die Gesellschaft erhalten, müssen die historischen, politischen und gesellschaftlichen Entwicklungen so- wie die Prozesse der Migration und ihre Folgen berücksichtigt werden. Hierbei ist auch die Empfängergesellschaft, nicht nur die Sprachgemeinschaft, die sich in Mobilität befindet, betroffen. Es ist immens wichtig, dass sich auch die ver- meintlich stabile Kultur damit auseinandersetzt, da diese von der mobilen Kultur immer wieder beeinflusst wird und auch Änderungen erfährt (Datta 2005: 71- 72).

Bei der Beschäftigung mit den Effekten von Migration muss stets bedacht werden, welche wichtige Rolle die jeweilige Muttersprache spielt. Die Sprache gilt immer als Symbol der Zugehörigkeit: „Sie spricht für jemanden und von einem bestimmten Ort aus, sie schafft einen besonderen Raum, eine Heimat, das Gefühl, dazuzugehören und zu Hause zu sein." (Chambers, 1996: 30). Auch wenn Migranten aus Loyalität zur Heimatssprache und -kultur diese bewahren wollen, müssen und wollen sie sich in der Regel zugleich schnell und umgehend an dem neuen Ort sprachlich und kulturell integrieren. Dadurch kann es zu einem Identitätskonflikt kommen. Sprache ist ein wichtiger „Kristallisations- punkt, da sie Ausdruck der sozialen und ethnischen Identität und der Identifika- tion mit dieser ist" (Muhr 1985: 289) und sie ist auch „mehr als reine Kommuni- kation, sie bedeutet soziale Interaktion" (Böhmer 2007: 55). Da über Sprache neben Traditionen und Sitten auch Denkweisen und ein Zusammengehörigkeits- gefühl vermittelt wird, kommt es bei ihrer Nichtbeherrschung fast automatisch zu einer Ausgrenzung. Dies trifft gerade Flüchtlinge häufig, weil sie sich vor der Emigration bzw. Immigration meist nicht mit der Sprache des Ankunftslandes vertraut machen konnten. Ihr Ziel ist daher in der Regel so schnell wie möglich Deutsch zu lernen. Das Schulsystem gewährt dabei jungen Flüchtlingen Unterstützung. Im Idealfall kommt es relativ schnell zu einer funktionalen Mehrsprachigkeit der Sprecher. Wie effektiv diese Unterstützung durch das Schulsystem derzeit ist, wird später aus den Ergebnissen der empirischen Untersuchung (Teil III) abzulesen sein.

,Mehrsprachigkeit' meint im allgemein zunächst einfach, das ein Sprecher mehrere Sprachen oder Varietäten beherrscht. Dies kann mehrere Gründe haben: sei es, weil er diese im Elternhaus oder durch das Aufwachsen in einer mehrsprachigen Region von klein auf erlernt hat oder aber durch den Besuch einer mehrsprachigen Kita und/oder Schule oder eben durch das Erlernen der Sprache in Folge einer Flucht aus dem Heimatland in ein Land, in dem eine andere Sprache gesprochen wird. Schließlich erlernt fast jeder in der Schule eine Fremdsprache, in Deutschland in der Regel zunächst Englisch, und dann häufig auch eine zweite Sprache, in Deutschland meist Französisch oder Spanisch.

Aus sprachwissenschaftlicher Perspektive gilt nach Lüdi als mehrsprachig,

> wer sich im Alltag regelmäßig zweier oder mehrerer Sprachvarietäten bedient und auch von der einen in die andere wechseln kann, wenn dies Umstände erforderlich machen, aber unabhängig von der Symmetrie der Sprachkompetenz, von den Erwerbsmodalitäten und von der Distanz zwischen den beteiligten Sprachen (Lüdi 2011: 18-19).

3.2 Mehrsprachigkeit in Europa

Für alle Lebensbereiche bzw. für alle gesellschaftlichen Abläufe ist es entscheidend, welches Verständnis von Sprache und Mehrsprachigkeit(sförderung) in einem Staat existiert (u.a. Schreiner 2006: 13). Die Europäische Union bietet zwar Grundlagen; die genaue Ausgestaltung im Umgang mit Mehrsprachigkeit ist aber den Nationalstaaten überlassen. Das Erlernen, das Verstehen, das Sprechen „mehrerer Sprachen [...] wird in Zeiten der Globalisierung und Internationalisierung zu einem immer wichtigeren Schlüssel für das gegenseitige Verstehen und ein friedliches Miteinander" (Bär 2009: 11). Der politische Wille hierzu ist auf europäischer und auch deutscher Ebene zweifellos vorhanden. Europa ist durch eine Vielfalt von Kulturen und auch Sprachen gekennzeichnet. Daher sei es für junge Europäer immens wichtig, mehrere Sprache zu beherrschen bzw.

diese zu verstehen, um sich mit anderen Menschen verständigen zu können (Bär 2009: 11-13). Auch für das Gelingen der europäischen Verständigung und die Fortsetzung der Erfolgsgeschichte eines friedlich geeinten Europas ist die Mehrsprachigkeit wichtig, denn „[j]e mehr Sprachen jedem Einzelnen zur Verfügung stehen – gleichgültig, ob auf produktiver oder ‚nur' auf rezeptiver Ebene –, desto mehr steigen gegenseitige Achtung und Toleranz" (Bär 2009: 14). Daher müsste das Sprachenlernen auch im Schul- und Bildungssystem eine hohe Priorität haben. In diesem Sinne kann der Fremdsprachenunterricht in Deutschland viel zu den genannten Zielen beitragen.

Maas (2008) weist darauf hin, dass

> Probleme [… entstehen] bei der Einwanderung in eine der europäischen Gesellschaften, in denen nicht nur eine weitere Sprache der informellen Öffentlichkeit (z.b. das Deutsche) verlangt ist, sondern mit dieser auch schriftkulturelle Fertigkeiten verlangt sind (Maas 2008: 86).

Auch wenn es einen Unterschied zwischen migrationsbedingten Mehrsprachigkeitskonstellationen und autochthonen – in Deutschland etwa die Gemeinschaften der Sorben und Friesen – gibt (Maas 2008: 88) und letztere sich meist besser dem Gesellschaftssystem anpassen können, da sie in dieses hineingeboren wurden, sollte insgesamt die sprachliche und kulturelle Vielfalt bzw. die Vorstellung eines sprachlich und ku lturell vielfältigen Europas im deutschen Schulsystem stärker anerkannt werden, damit Kinder und Jugendliche mit anderem kulturellen Hintergrund, unter anderem mit Migrationshintergrund, eine echte Chance in diesem System haben.

3.3 Migranten im deutschen Bildungs- und Schulsystem

In Deutschland sind heute Inklusions- und Exklusionsverhältnisse feststellbar (Mouffe 2010: 81), denn

> Immigration und ethnische Zugehörigkeit werden als *Andersheit* konstruiert. Begreift man sie stattdessen als Prozesse, durch die Globales ins Lokale übertragen, internationale Arbeitsmärkte formiert und Kulturen aus aller Welt deterritorialisiert werden, so rücken sie als wesentlicher Aspekt der Globalisierung zusammen mit der Internationalisierung des Kapitals direkt ins Zentrum des Geschehens (Sassen 2010: 116).

In einem inklusiven Gesellschaftssystem wäre es selbstverständlich, „Migranten zu ermächtigen, an der politischen, sozialen und wirtschaftlichen Ordnung des Aufenthaltsstaats teilzunehmen" (Farahat 2014: 77). In einem inklusiven Bildungs- und Schulsystem sind Migranten entsprechend selbstverständlicher Teil der Regelklassen. Ihren Förderbedarfen – bei Flüchtlingen v.a. der Spracherwerb im Deutschen – stehen vielfältige Kompetenzen gegenüber: Mehrsprachigkeit ist ein kognitives Plus für den Beherrschenden und sollte, egal um welche Sprachen es sich dabei handelt, als solches von Lehrkräften in deutschen Schulen auch anerkannt werden. Weitere Vorteile, die Migranten mitbringen, werden im weiteren Verlauf dargelegt. Jedoch werden Migration und Mehrsprachigkeit meist in den Schulen noch als Probleme wahrgenommen. Daher muss derzeit eine starke Benachteiligung von Kindern und Jugendlichen mit Migrationshintergrund im deutschen Bildungs- und Schulsystem konstatiert werden. Es herrscht eine „soziale Ungleichheit im normalen Schulalltag aufgrund organisatorischer Strukturen, von Schulregeln und -programmen, sowie von Habitualisierungen und Alltagsroutinen seitens der Pädagogen" (Keim/Tracy 2007: 121-122). Keim/Tracy (2007: 140) betonen, dass es bis heute faktisch nicht gelungen ist, das Lernpotenzial von Kindern und Jugendlichen mit Migrationshintergrund aufzugreifen und zu entfalten (cf. hierzu auch Fernández Amman/Kropp/Müller-Lancé 2015: 9 oder Schöpp 2015: 162-163), obwohl die Erkenntnis, dass „Mehrsprachigkeit definitiv keinen Nachteil für schulisches FSL [Fremdsprachenlernen, d. Verf.] darstellt" (Gabriel/Stahnke/Thulke/Topal, Sevda 2015: 89) nicht neu ist. Integrationsdebatten sollten laut Franceschini (2011: 30) nicht

> vorwiegend auf einzelne Minderheitengruppen fokussiert [werden] und nicht auf das Zusammenspiel zwischen Mehrheitsbevölkerung und neuen (und alten) Minderheiten, auch nicht auf Interaktion und die damit einhergehenden gegenseitigen Beeinflussungen zwischen Mehrheit und Minderheit.

Diese Forderung ist letztlich eine nach Inklusion. Es wäre in diesem Sinne wichtig, dass im Bildungs- und Schulsystem einerseits anerkannt wird, dass Migranten eine besondere Forderung und Förderung in Bezug auf das schnelle Erlernen der Unterrichtssprache benötigen. Andererseits sollte von der defizitären Sicht und der Betrachtung, dass Migrantensprachen keine funktionale Bedeutung haben, weggekommen werden – sie sollten nicht als unbedeutende Sprachen abgewertet, sondern als Reichtum begriffen werden (Schreiner 2006: 133), denn „[i]ntegrierte Migrantinnen und Migranten [stellen] eine kulturelle, gesellschaftliche Bereicherung und nicht zuletzt einen ökonomischen Zugewinn dar" (Frech/Meier-Braun 2007: 8). Die Beachtung aller Individuen bedeutet, dass alle Sprachen in den Schulalltag miteinbezogen werden müssen (de Cilia 2008: 81). De Floria-Hansen (2008: 86) thematisiert dieses transkulturelle Lernen, bei dem alle vorhandenen Sprachen in einer Gruppe genutzt werden, ebenfalls. Dadurch fühle sich jeder Fremdsprachenlernende angesprochen und involviert. Da durch den Erwerb von Fremdsprachen der Lernende auch in seiner individuellen Identitäts-/Persönlichkeitsentwicklung mit ausgebildet wird, können durch das bewusste Einfließenlassen aller Sprachen auch Toleranz, Offenheit und Akzeptanz entwickelt werden.

Da also ein Perspektivwechsel stattfinden muss und die individuelle Förderung der Kinder und Jugendlichen mit Migrationshintergrund eine soziale Notwendigkeit ist, bietet es sich an, auf das Konzept der Inklusion auch bei der Aufnahme von Migranten ins deutsche Schulsystem zurückzugreifen. U.a. Schwack (2013: 36) fordert ebenfalls, in einem inklusiven Schulsystem auch auf ethnokulturelle Unterschiede einzugehen.

Da inklusive Bildung die Fähigkeiten jedes einzelnen Lerners als Bereicherung wahrnimmt, kann der Fremdsprachenunterricht zum Beispiel von der Mehrsprachigkeit der Lerner profitieren: Durch den Vergleich von Sprachstrukturen und Diskurstraditionen kann der Erwerb der Fremdsprache erleichtert werden. Durch einen Austausch über vorhandene Parallelen kann etwa das Erlernen neuer Vokabeln oder das Verinnerlichen grammatischer Strukturen der gesamten Lerngruppe leichter fallen.

3.4 Interkulturelles Verständnis im Fremdsprachenunterricht

Den Bildungsstandards wurden 2003 die interkulturellen Kompetenzen als eigener Kompetenzbereich im Fremdsprachenunterricht hinzugefügt. Auch wenn die dazugehörigen Ausführungen bisher noch „so wenig kohärent und ausgereift erscheinen" (Caspari 2008: 19), war dies ein wichtiger Schritt. Neben der Ausbildung, Stärkung, Vermittlung und dem Erwerb kommunikativer Fertigkeiten (Klump 2006: 15) muss vor dem Hintergrund der politischen und gesellschaftlichen Realitäten im Fremdsprachenunterricht tatsächlich verstärkt interkulturelle Kompetenz entwickelt werden. In diesem Kontext sollte der lebensweltliche Bezug der Schüler, etwa das Aufeinandertreffen verschiedener Kulturen, denn in vielen Klassen finden sich heute Schüler mit Migrationshintergrund, stärker thematisiert werden.

Im Fremdsprachenunterricht muss dafür der realitätsferne Ansatz der Monolingualität überwunden werden (Dirim 2005: 92-93). Noch fehlt die Perspektive, dass Schüler mit unterschiedlich ausgebildeten sprachlichen Kompetenzen im Unterricht und damit auch im Fremdsprachenunterricht sitzen (de Cilia 2008: 80). Dies müsste

> Folgen für die Differenzierung des Unterrichtsgeschehens haben, aber auch für die Leistungsbeurteilung. Und das müsste des weiteren Folgen für die Unterrichtsgestaltung und für die Leistungsbeurteilung in allen anderen Fächern haben, auch in den Sachfächern (de Cilia 2008: 80).

Da die „Fremdsprache" schon eine interkulturelle Situation an sich bedeutet, kann gerade hier im Unterricht das interkulturelle Lernen aufgegriffen werden. Lehrkräften ist jedoch selten klar, wie sie interkulturelle Kompetenzen im konkreten Fremdsprachenunterricht vermitteln sollen (Caspari 2008: 29). Häufig wird sich hierbei auf „,Perspektivübernahme' und ,Fremdverstehen' in einer virtuellen, meist literarischen Begegnungssituation" beschränkt (Vogel 2008: 197). Die einem inklusiven Fremdsprachenunterricht angemessene tatsächliche Berücksichtigung der Vielfalt der Sprachen in einem Klassengefüge kann hier bessere lebensweltliche Bezüge herstellen und bietet demnach eine große Chance für einen lebendigeren Unterricht. Dabei können ebenso große Synergieeffekte entstehen wie „durch die gezielte Vernetzung von vor- und nachgelernten Sprachen" (Leitzke-Ungerer 2008: 106) im Fremdsprachenerwerb. Wichtig wäre, dass die Mehrsprachigkeit in den Klassen, „die häufig versteckt und verdrängt wird, sichtbar" (de Cilia 2008: 81) gemacht wird, denn so können transkulturelle mentale Prozesse (de Florio-Hansen 2008: 86) in Gang gebracht werden, damit sich die Schüler schließlich, „selbstreflexiv und kritisch mit eigenen und fremden kulturellen Gegebenheiten [auseinandersetzen]" (de Florio-Hansen 2008: 86).

Kinder und Jugendliche der Empfängergesellschaft können durch die stärkere Berücksichtigung von Mehrsprachigkeit in einem inklusiven Fremdsprachenunterricht nicht nur weitere sprachliche, sondern eben auch interkulturelle Kompetenzen entwickeln. Durch eine gezielte Thematisierung der Interkulturalität in einer Lerngruppe können interkulturelle Denkprozesse angeregt werden und es kann eine praxisnahe Auseinandersetzungen mit verschiedenen Kulturen erfolgen; die Kinder und Jugendlichen begegnen in dem relativ überschaubaren Rahmen der Schule Unbekanntem und verlieren so die Angst vor „dem Fremden". Es wäre aus fachdidaktischer Perspektive konsequent, diese interkulturelle Didaktik anzuwenden, die starke inklusive Komponenten hat. Die interkulturelle Didaktik basiert „auf verschiedenen interkulturellen Diskursen, die grob eine Entwicklung von Multikulturalität über Interkulturalität zu Transkulturalität erfahren" (Fäcke 2011: 52) haben. Im folgenden Teil wird anhand von Beispielen gezeigt werden, wie in der Praxis ein inklusiver Fremdsprachenunterricht funktionieren kann.

II Inklusive Mehrsprachigkeits- und Fremdsprachendidaktik: Umsetzungs- und Gestaltungsmöglichkeiten

4. Mehrsprachigkeitsdidaktik: Inklusiver Fremdsprachenunterricht

Da der Fremdsprachenunterricht sich *per se* mit einer fremden Sprache und Kultur beschäftigt, erscheint es logisch, sich hier auch explizit mit anderen Kulturen auseinanderzusetzen und sie auch kontrastiv gegenüberzustellen; erst so kann das interkulturelle Lernen völlig aufgehen (Fäcke 2011: 174). Es

> ergeben sich nicht zuletzt für die schulische (Fremdsprachen-)Bildung neue Perspektiven und Herausforderungen im Umgang mit herkunftsbedingter Mehrsprachigkeit und Multikulturalität (Fernández Amman/Kropp/Müller-Lancé 2015: 9).

Der Fremdsprachenunterricht ist ein höchst komplexes Gebilde, da er als soziales Ereignis zu verstehen ist und „heute das gemeinsame Entdecken, Erarbeiten, Analysieren und Reflektieren einer Fremdsprache mit dem Ziel, vor allem interkulturelle und kommunikative Kompetenzen zu erwerben" (Thiele 2012: 3), beinhaltet. Er kann als „soziales Ereignis" verstanden werden, da der Fremdsprachenunterricht die intensive Auseinandersetzung mit einer anderen Sprache und Kultur beinhaltet und damit auch automatisch ein Vergleich zur eigenen sprachlichen und kulturellen Identität vorgenommen werden kann, die sich aufgrund der Gegenüberstellung bzw. des Kontrastes durchaus ändern kann.

Aus kognitiver Perspektive ist der Spracherwerb ein kreativer Prozess (Bär 2009: 21); hier liegen auch die Potenziale für einen inklusiven Fremdsprachenunterricht, denn durch den Kontakt mit dem Fremden, durch Vergleich und Auseinandersetzung mit der Vielfalt kann jede Fremdsprache individuell und spezifisch verortet werden. Auf kognitiver Ebene ist feststellbar, dass das Erlernen der Fremdsprache einfacher wird, wenn zugleich eine Verknüpfung mit lebensweltlichen Erfahrungen erfolgt.

Bär (2009) geht explizit auf das Verstehen fremder Kulturen und die Potenziale im Fremdsprachenunterricht ein; eine Erziehung zur individuellen, aber auch gesellschaftlichen Mehrsprachigkeit sei mehr denn je notwendig. Gelebte Mehrsprachigkeit bietet durch die Gegenüberstellung beim Erlernen einer Fremdsprache Erfolge, da man häufig – wenn auch vielleicht nur auf rezeptiver Ebene – ein Gefühl für andere Sprachen und Kulturen entwickelt, aber auch

Kompetenzen in anderen Sprachen ausbaut und diese sogar anwenden kann – und sei es auch nur beim Verstehen eines Textes.

In dieser Ausarbeitung soll es gar nicht darum gehen, ein Plädoyer für die Interkomprehensionsdidaktik (u.a. Bär 2009) zu formulieren – dies wäre ein möglicher Ansatz, der bereits mehrfach diskutiert wurde. Angesichts der Realität der zunehmenden Migration müssen im deutschen Bildungssystem Konzepte gefunden werden, wie Kinder und Jugendliche mit Migrationshintergrund eine echte Chance im deutschen Bildungswesen erhalten können. Dazu kann der Ansatz hilfreich sein, „*zwischen* Sprachen zu operieren" (Bär 2009: 25). Beim gemeinsamen Spielen oder beim Kommunizieren oder beim gemeinsamen Lernen einer neuen Sprache bilden sich zum Teil Mischsprachen heraus (Delanoy 2012: 429). Beim Fremdsprachenerwerb werden Sprachen vermischt, etwa weil die neue Sprache noch nicht so gut beherrscht wird, aber auch weil bewusst gemixt wird – man darf dies daher nicht automatisch als mangelhafte Sprachkompetenz werten (Dirim 2005: 84-86). Hier würde erneut eine defizitäre Betrachtung durchscheinen. Im Gegenteil, kann man es durchaus als anerkennenswerte kognitive Leistung sehen, wenn ein Schüler in der Lage ist, zwei Sprachsysteme zu kombinieren. In der Mehrsprachigkeitsdidaktik wird ein „sprach- und kulturvernetzender Fremdsprachenunterricht" (Frevel 2008: 59) gefordert – die Lernwege und Lernprozesse im Unterricht müssen dabei verstärkt auf die alltagssprachliche Realität zugeschnitten werden.

Hier soll zentral der inklusive Ansatz diskutiert werden, wie er auch auf internationaler Ebene gefordert wird; aufgrund der Betonung der Förderbedarfe des Einzelnen bietet sich Inklusion in diesem Sinne an. In einem inklusiv ausgelegten Schulsystem würde kulturelle Vielfalt kein großes Problem darstellen, da alle Beteiligten den Umgang mit heterogenen Lernbedingungen gewöhnt sind.

Bei der Umsetzung und Einbettung von Inklusion im Fremdsprachenunterricht sind in der Fachdidaktik bereits viele Ansätze formuliert worden. Willwer (2006: 43) erläutert, dass „durch die Aufspaltung des Kanons in Fächer [...] Dinge die in der außerschulischen Realität eigentlich zusammenhängen, künstlich getrennt und mehrfach behandelt [werden], ohne dass Verbindungslinien deutlich sind". Er konnte aus der Praxis nachweisen, dass ein fächerverbindender Ansatz eine motivierende Wirkung für das Fremdsprachenlernen hat (Willwer 2006: 51). Auch wenn Standardsprachen nach wie vor die Fixpunkte im Sprachunterricht sind (Schreiner 2006: 73) und auch weiterhin sein sollten, kann durch die Berücksichtigung von Mehrsprachigkeit und der Lebenswelt der heterogenen Schülerschaft zusätzliche Motivation entstehen; hierbei sollte die Lehrkraft durchaus Einflüsse von anderen Sprachen und Varietäten auf die zu erlernenden „Standardsprache" zulassen oder auch Vergleiche ziehen, damit die Schüler für die Vielfalt sensibilisiert werden.

Bei der Implementierung von Inklusion im Fremdsprachenunterricht geht es vor allem die Berücksichtigung der Individualität bzw. um einen Unterricht für alle (Schlaak 2015: 109-110, 114-115). In diesem Kontext müssen die Schüler je auf sie zugeschnittene Lerntechniken und Lernstrategien erwerben können, sich selbst einschätzen und selbst kontrollieren können usw., auch lernen „Verantwortung für den eigenen individuellen Lernprozess zu übernehmen" (Frevel 2008: 61). Im inklusiven Fremdsprachenunterricht geht es einerseits um eine starke individuelle Förderung und Forderung der einzelnen Individuen durch die Lehrkraft, aber andererseits auch um das Ausbilden einer Lernerautonomie; das kooperative Lernen ist in diesem Kontext ein wichtiger Ansatz, um Inklusion umzusetzen.

Zahlreiche Unterrichtsansätze und -konzepte, die ein inklusives Lehren und Lernen beinhalten, werden heute schon von Lehrkräften genutzt. Es geht gar nicht darum, dass die Pädagogik oder die Lehrkraft sich komplett neu erfinden muss, denn

[i]nklusive Pädagogik stellt [...] nichts grundsätzlich Neues dar, sie bringt „lediglich" die unterschiedlichen Aspekte in einen systematischen Zusammenhang und greift dabei häufig auf die Pädagogik der Vielfalt zurück (Hinz 2014: 12).

4.1 Gemeinsamer europäischer Referenzrahmen für Sprachen – Grundlage für einen inklusiven Fremdsprachenunterricht

Leupold (2002: 83) beschreibt, dass es durch die Kulturhoheit der Länder in Deutschland zu „einer Vielzahl von Lehrplänen, Rahmenplänen und Richtlinien für die einzelnen Fächer" kommt. Diese differieren in manchen Punkten erheblich voneinander. Bezogen auf den Fremdsprachenunterricht gibt es jedoch durch den Europäischen Referenzrahmen für das Sprachenlernen allgemeine Grundsätze für den Fremdsprachenunterricht (Leupold 2002: 87).

Der *Gemeinsamer europäischer Referenzrahmen für Sprachen: lernen, lehren, beurteilen (GeR)* (Trim/Borth/Coste/in Zusammenarbeit mit Sheils 2001) formuliert bereits viele Aspekte für den Ansatz eines inklusiven Fremdsprachenunterrichts, auch vor dem Hintergrund der Berücksichtigung der durch Migration und zunehmenden Mehrsprachigkeit bedingten Veränderungen in den europäischen Gesellschaften. Für die Achtung jedes Einzelnen sollen die Schüler etwa darin ausgebildet werden (GeR 2001: 15),

- das tägliche Leben in einem anderen Land zu meistern und um Ausländern im eigenen Land zu helfen, ihren Alltag zu bewältigen;

- Informationen und Ideen mit jungen Menschen und Erwachsenen auszutauschen, die eine andere Sprache sprechen, und um eigene Gedanken und Gefühle mitzuteilen;

- ein besseres und t ieferes Verständnis für die Lebensart und di e Denkweisen anderer Menschen und für ihr kulturelles Erbe zu gewinnen.

Wie bereits angeführt, ist es stets dem Lernfortschritt zuträglich, die alltagssprachliche Realität im Fremdsprachenunterricht zu berücksichtigen. Ferner ist die Erkenntnis, dass Sprachen nicht nebeneinander existieren, sondern sich gegenseitig beeinflussen, entscheidend. Es geht auch nicht mehr darum, zu zählen, wie viele Sprachen oder Varietäten man sprechen kann und dass „jede isoliert gelernt und dabei der ‚ideale Muttersprachler' als höchstes Vorbild betrachtet wird" (GeR 2001: 17), sondern es geht darum, „ein sprachliches Repertoire zu entwickeln, in dem alle sprachlichen Fähigkeiten ihren Platz haben" (GeR 2001: 17).

Der Gemeinsame europäische Referenzrahmen für Sprachen fordert, dass die Berücksichtigung der sprachlichen Vielfalt mit einem handlungsorientierten Unterrichtsansatz einhergeht,

weil der Sprachverwendende und S prachenlernende vor allem als ‚sozial Handelnder' betrachtet [wird], d.h. a ls Mitglieder einer Gesellschaft, die unter bestimmten Umständen und i n spezifischen Umgebungen und Handlungsfeldern kommunikative Aufgaben bewältigen müssen, und zwar nicht nur sprachliche (GeR 2001: 21).

Hierbei müssen demnach verschiedene, zum Beispiel kommunikative, Kompetenzen ausgebildet werden, aber eben vor allem auch die interkulturelle Kompetenz, denn die

> Kenntnis gemeinsamer Werte und Überzeugungen, die gesellschaftliche Gruppen in anderen Ländern oder Regionen haben – wie z.b. religiöse Überzeugungen, Tabus, eine gemeinsam erfahrene Geschichte usw. – sind wesentlich für interkulturelle Kommunikation (GeR 2001: 23).

Während rezeptive und produktive Kompetenzen primäre Prozesse sind (GeR 2001: 25), darf die interkulturelle Kompetenz beim Sprachenlernen nicht vernachlässigt werden. Hierbei sollte jeder „Mensch als gesellschaftlich Handelnder verstanden [werden], der über – graduell unterschiedliche – Kompetenzen in mehreren Sprachen und über Erfahrungen mit mehreren Kulturen verfügt" (GeR 2001: 163). Meist wird im Alltag des Fremdsprachenunterrichts die Vermittlung der interkulturellen Kompetenz aber nicht ausreichend beachtet.

> Französischunterricht heute bezieht sich – wie früher – auch auf die Vermittlung lexikalischer und grammatischer Strukturen. Interkulturelle Kompetenz braucht auch dieses Wissen, weist aber dem Unterricht eine umfassendere Dimension zu und stellt den Lehrer in den Mittelpunkt des Sprachlehr- und lernprozesses (Leupold 2002: 295).

4.2 Lehrpläne, Rahmenpläne und Richtlinien

Der Frage, inwiefern eine Beachtung der Themen und pädagogischen Konzepte zu ‚Migration', ‚Mehrsprachigkeit' und ‚Inklusion' (oder auch Ableitungen wie ‚inklusiv' usw.) im Fremdsprachenunterricht offiziell von den Lehrkräften erwartet wird, widmet sich das folgende Kapitel: Durch eine exemplarische Untersuchung der Lehrpläne, Rahmenpläne und Richtlinien der einzelnen Fächer soll festgestellt werden, ob die genannten Begriffe in diesen festgeschriebenen Grundlagen zu finden sind. Dafür werden ausgewählte Lehrpläne der Fächer Spanisch und Französisch aus Berlin, Rheinland-Pfalz, Nordrhein-Westfalen und Bayern betrachtet, um grundlegende Tendenzen feststellen zu können. Dies dient auch der Einordnung der in Teil III dieser Arbeit analysierten Aussagen der befragten derzeitigen und künftigen Lehrkräfte.

4.2.1 Rahmenlehrpläne für die Fächer Spanisch/Französisch in Berlin

Im *Rahmenlehrplan für die Sekundarstufe I. Jahrgangsstufe 7-10. Realschule. Gesamtschule. Gymnasium. Spanisch. 2./3. Fremdsprache* der Senatsverwaltung für Bildung, Jugend und Sport Berlin (2006) erzielt die Schlagwortsuche ‚Inklusion' keinen Treffer. Auch der Begriff ‚Heterogenität', der bei der Umsetzung eines inklusiven Unterrichts eine wichtige Rolle spielt, taucht nicht auf. ‚Mehrsprachigkeit' wird dagegen zweimal erwähnt, und zwar auf Seite 9:

> Der Unterricht in der zweiten und dritten Fremdsprache trägt damit einer zunehmend national-, kultur- und sprachgrenzenüberschreitenden Lebenswirklichkeit der heute Heranwachsenden Rechnung. Er bildet die Voraussetzung für Verstehen und Verständigung, für privates Kennenlernen, für berufliche Mobilität und Kooperation. So begleitet er die Lernenden beim Aufbau einer individuellen Mehrsprachigkeit (Muttersprache plus mindestens zwei Fremdsprachen).

> Im Zuge der fortschreitenden Globalisierung wirtschaftlicher und auch politischer Prozesse nehmen die persönlichen und be ruflichen Kontakte mit spanischsprachigen Ländern bzw. mit spanischen Muttersprachlern im In- und Ausland stetig zu. In diesem Zusammenhang wächst auch das Interesse an Mehrsprachigkeit. Hier kann das Beherrschen der spanischen Sprache den Zugang zu weiteren romanischen Sprachen eröffnen.

Auf Seite 32 wird dann bei der Darstellung möglicher Themenbereiche, die im Spanischunterricht behandelt werden können, der Begriff ‚Migration' erwähnt. Dabei sollen etwa das öffentlich-gesellschaftliche Leben und die multikulturelle Gesellschaft thematisiert werden. Im fortgeschrittenen Unterricht wäre es zudem möglich, sich mit Immigration und Emigration zu beschäftigen.

Der *Rahmenlehrplan für die Grundschule und die Sekundarstufe I. Jahrgangsstufe 3-6. Grundschule. Jahrgangsstufe 7-10. Realschule. Gesamtschule. Gymnasium. Französisch. 1./2./3. Fremdsprache* der Senatsverwaltung für Bildung, Jugend und Sport Berlin (2006) ergibt dieselben Ergebnisse. ‚Mehrsprachigkeit' ist als Stichwort wieder auf Seite 9 zu finden:

> Die Entwicklung interkultureller Handlungsfähigkeit ist daher eine übergreifende Aufgabe von S chule und G esellschaft. In diesem Zusammenhang kommt dem Erwerb von Fremdsprachen eine entscheidende Rolle zu. Er bildet die Voraussetzung für Verstehen und Verständigung, für privates Kennenlernen, berufliche Mobilität und K ooperationsfähigkeit. Unter dieser Perspektive ist der Aufbau einer individuellen Mehrsprachigkeit (Muttersprache plus mindestens zwei Fremdsprachen) im Rahmen der Berliner Schulen anzubahnen und voranzutreiben.

Wie beim Rahmenlehrplan für das Fach Spanisch wird zudem im vorge-
schlagenen Themenbereich „Das öffentlich-gesellschaftliche Leben" der Bereich
der Migration erwähnt.

4.2.2 Lehrpläne für die Fächer Spanisch/Französisch in Rheinland-Pfalz

Auch in den Handreichungen *Zum Lehrplan für das Fach Spanisch in Rheinland-Pfalz,* erstellt von den Mitgliedern der Fachdidaktischen Kommission und
dem Ministerium für Bildung, Wissenschaft, Weiterbildung und Kultur Rheinland-Pfalz (2012) werden ebenfalls weder ‚Inklusion' noch ‚inklusiv', noch die
Schlagworte ‚Mehrsprachigkeit' oder ‚Heterogenität' verwendet. ‚Migration'
wird dagegen auch hier thematisiert; angeführt wird, dass man die Thematik
‚migraciones' behandeln könne. Besonders auffällig ist bei dieser Handreichung
jedoch, dass das Kapitel 3.3 auf eine binnendifferenzierte schriftliche Leistungsmessung eingeht – dies kommt einem inklusiven Verständnis schon recht nah.

Im *Lehrplan für das Fach Spanisch in der Sekundarstufe I. Grundfach und
Leistungsfach in der gymnasialen Oberstufe* des Ministeriums für Bildung,
Wissenschaft, Weiterbildung und Kultur Rheinland-Pfalz (2012) betont schon
im Vorwort (Seite 3) Ministerin Doris Ahnen die Bedeutung von ‚Mehrsprachigkeit' in der heutigen Gesellschaft:

> In einer Zeit globaler Kommunikation und ganz besonders in einem zusammen-
> wachsenden Europa ist das Beherrschen von Fremdsprachen eine grundlegende
> Qualifikation. Mehrsprachigkeit wird immer wichtiger, wenn ein stärkeres euro-
> päisches Bewusstsein entsteht und internationale Beziehung in privaten und beruf-
> lichen Bereichen eine Selbstverständlichkeit sind.

Im Inhaltsverzeichnis (Seite 4) fällt das Kapitel 3.3 zur Mehrsprachigkeitsdidaktik auf. Auch wenn man monieren könnte, dass die fachliche Fundierung
dieses Kapitels Wünsche offen lässt, heißt es hier immerhin auf Seite 9:

> Die neue Aufgabenkultur bevorzugt offene und komplexe Lernaufgaben, die
> unterschiedliche Lern- und Problemlösungswege sowie individuelle Wieder-
> holungen von Schritten ermöglichen und somit der Heterogenität der Lerngruppen
> Rechnung tragen.

Auf Seite 10 wird zudem erneut der Begriff ‚Heterogenität' verwendet: „Diagnose und individuelle Förderung bilden die Voraussetzung für einen professionellen Umgang mit Heterogenität".

Der Begriff ‚Inklusion' ist nicht zu finden und auch das Thema ‚Migration' taucht nicht auf. Jedoch ist im Vergleich zu den Berliner Lehrplänen beachtenswert, dass sowohl ‚Heterogenität' als auch ‚Mehrsprachigkeit' an mehreren Stellen behandelt und aufgegriffen werden. So heißt es etwa im Vorwort auch:

> Mehrsprachigkeit wird immer wichtiger, wenn ein stärkeres europäisches Bewusstsein entsteht und internationale Beziehungen in privaten und beruflichen Bereichen eine Selbstverständlichkeit sind (Seite 3).

Und auf Seite 6:

> Daher gilt es diesen unbewussten Sprachen- und Kulturtransfer für einen interlingualen Vergleich von verwandten Sprachen im Sinne der Lernökonomie nutzbar zu machen – vor allem rezeptive Fähigkeiten nutzen, da bereits Kenntnisse in anderen Sprachen vorliegen.

In den unterschiedlichen Lehrplänen für das Fach Französisch in Rheinland-Pfalz sind ganz ähnliche Tendenzen wie beim Spanischen vorzufinden, das heißt Mehrsprachigkeit und Migration werden zumindest stellenweise thematisiert, so dass an dieser Stelle hierauf nicht näher eingegangen werden muss.

4.2.3 Kernlehrpläne für die Fächer Spanisch/Französisch in Nordrhein-Westfalen

Im *Kernlehrplan für das Gymnasium – Sekundarstufe I in Nordrhein-Westfalen. Spanisch* des Ministeriums für Schule und Weiterbildung des Landes Nordrhein-Westfalen (2009) wird weder der Begriff ‚Inklusion' noch der Begriff ‚Heterogenität' aufgegriffen. Der Begriff ‚Mehrsprachigkeit' ist zu finden – hier wird einerseits auf die politische Bedeutung eingegangen und andererseits die Rolle des Spanischunterrichts angesprochen. Es heißt auf Seite 10:

> Die politische, kulturelle und wirtschaftliche Entwicklung Europas stellt im Kontext der Erziehung zur Mehrsprachigkeit erweiterte Anforderungen an den Fremdsprachenunterricht und damit auch an den Spanischunterricht der Sekundarstufe I.

Und auf Seite 12:

Die im vorliegenden Kernlehrplan formulierten Standards sollen in einem Spanischunterricht erreicht werden, der dazu beiträgt, individuelle Mehrsprachigkeitsprofile auszubilden.

Ähnliche Tendenzen sind auch im *Kernlehrplan für das Gymnasium – Sekundarstufe I in Nordrhein-Westfalen. Französisch* des Ministeriums für Schule und Weiterbildung des Landes Nordrhein-Westfalen (2008) festzustellen. Wortgetreu bezogen auf den Französischunterricht heißt es etwa auf Seite 11:

> Die politische, kulturelle und wirtschaftliche Entwicklung Europas stellt im Kontext der Erziehung zur Mehrsprachigkeit erweiterte Anforderungen an den Fremdsprachenunterricht und damit auch an den Französischunterricht der Sekundarstufe I.

Des Weiteren wird auch hier betont, dass die formulierten Standards dazu beitragen sollen, individuelle Mehrsprachigkeitsprofile auszubilden.

4.2.4 Lehrplan für das Gymnasium in Bayern

Im *Lehrplan für das Gymnasium in Bayern im Überblick* des Bayerischen Staatsministeriums für Unterricht und Kultus/Staatsinstitut für Schulqualität und Bildungsforschung München (2010) heißt es im Teil zum Französischunterricht:

> Zudem erweitern sie [die Jugendlichen, d. Verf.] ihre Allgemeinbildung, indem sie […] das gymnasiale erforderliche Maß an Sprachbewusstheit erwerben, um in Sinn des lebenslangen Lernens und der von der EU geforderten Mehrsprachigkeit ggf. auch nach Abschluss ihrer schulischen Ausbildung problemlos Zugang zu weiteren Weltsprachen wie z.B. Spanisch zu erlangen.

Ganz ähnlich wird auch im Teil zum Spanischunterricht formuliert:

> Die Jugendlichen erweitern zudem ihre Allgemeinbildung, indem sie […] das in den beiden ersten Fremdsprachen bereits erworbene Maß an gymnasialer Sprachbewusstheit steigern, um in Sinn des lebenslangen Lernens und der von der EU geforderten Mehrsprachigkeit ggf. auch nach Abschluss ihrer schulischen Ausbildung problemlos Zugang zu weiteren, insbesondere romanischen Fremdsprachen zu erlangen.

Wie in den anderen untersuchten Bundesländern wird also in Bayern die Bedeutung der ‚Mehrsprachigkeit' keineswegs ignoriert. ‚Migration' ist in der Lehrplanübersicht von Bayern nur im Zusammenhang mit anderen Fächern – Geschichte, Geographie, Sozialkunde, sowie immerhin auch Italienisch – zu fin-

den. Auf ‚Inklusion' und ‚Heterogenität' wird nicht eingegangen, wiewohl dies
ja auch in den Lehrplänen der anderen Länder nur äußerst marginal erfolgte.

4.3 Bedarfe und Bedürfnisse im inklusiven Fremdsprachenunterricht

Allgemeine Diskussionen über Inklusion im Bildungs- und Schulsystem sind
fruchtbar, aber darüber hinaus muss auch eine konkrete Beschäftigung mit den
einzelnen Fächern bzw. den verschiedenen Fachbereichen in Angriff genommen
werden. Dann stellt sich die Frage, wie Inklusion im jeweiligen Fachunterricht
sinnvoll funktionieren kann. Bei einer sorgfältigen Suche sind in der Literatur
durchaus Möglichkeiten zur Gestaltung eines inklusiven Fachunterrichts zu finden – wenn auch selten explizit unter diesem Stichwort; ein konkreter Bezug auf
den Fremdsprachenunterricht ist seltener gegeben. Konkrete anwendungs-
bezogene Hinweise sind von den Lehrkräften aber dringend gewünscht (siehe
Teil III).

Im Fremdsprachenunterricht müssen Phonetik und Grammatik, spezifisches
Vokabular selbstverständlich allen Schülern in allen Klassen – auch in so genannten Integrationsklassen – vermittelt werden. Es muss dabei aber anerkannt
werden, dass

> nicht alle SchülerInnen zur selben Zeit und mit den selben Methoden genau die
> gleichen Vokabeln lernen, da die Bewertung der Leistung sich auf den/die Schü-
> lerIn selbst bezieht und nicht auf eine ominöse Bezugsgröße wie den Klassen-
> durchschnitt (Feyerer 2011: Kapitel 2).

Es geht nämlich nicht darum, dass immer alle das Gleiche zur gleichen Zeit
lernen und gleich gut beherrschen. Der eine Schüler benötigt etwa mehr Zeit für
das Erlernen von Vokabeln, ist aber vielleicht in der mündlichen Kompetenz
stärker. Der andere kann sich etwa schneller die neuen Vokabeln merken, hat
aber bei der Formulierung von Texten größere Schwierigkeiten. Der eine lernt
lieber allein, der andere in der Gruppe, der eine eher mit schriftlichen Auf-
zeichnungen, der andere beim lauten Vorsagen usw. Die Kinder und Jugendlichen sollten vielmehr „gemeinsam an einer Sache arbeiten und jede/r seine/ihre
individuellen Beiträge und Leistungen einbringen" (Feyerer 2011: Kapitel 3).
Wenn sich ein Schüler mit einer Sache beschäftigt und seine Stärken einbringt
und dies mit den Stärken anderer kombiniert, arbeitet er indirekt auch an seinen

„Schwächen". Unter Anleitung der Lehrkraft kann jeder in der Gruppe an individuellen Lernzielen arbeiten.

Die größte Herausforderung bei der Entwicklung eines inklusiven Ansatzes im Schulsystem besteht wahrscheinlich darin, zu akzeptieren, dass künftig eine größere Anzahl von Kindern und Jugendlichen mit spezifischen Förderbedarfen am Unterricht teilnehmen werden. Dafür muss bei der Umsetzung von Inklusion im Bildungsbereich grundsätzlich der Unterrichtsstil geändert werden; verbesserte materielle Arbeitsbedingungen allein reichen nicht aus. Schlagworte wie Teamteaching, Kooperation, wirksame Unterstützung durch Schulleitung und Behörden müssen gelebt werden. Trotz der Akteursvielfalt zeigt sich auch im Fachunterricht deutlich, dass die Lehrkräfte bei der Umsetzung von Inklusion im Bildungsbereich eine zentrale Rolle einnehmen. Dafür braucht es eine spezifische Ausbildung mit einer Verbindung von Theorie und Praxis. Solche Inhalte werden in der derzeitigen Lehramtsausbildung aber entweder nur spät oder auch gar nicht vermittelt (Jantowski 2013: 98). Daher ist bei der Frage der Umsetzung von Inklusion anzuführen, dass die Aus- und Weiterbildungssituation von Lehrkräften neu betrachtet werden müsse:

> Sollen aber Lehrerpersonen ihrerseits Heterogenität als Chance und Bereicherung begreifen und im Sinne der Förderung des Lernens nutzen, so müssen sie hierfür entsprechend ausgebildet und m it den erforderlichen Wissensbeständen und Handlungskompetenzen ausgestattet sein,

fordert Jantowski (2013: 99). Die konsequente Aus-, Weiter- und Fortbildung ist daher für die erfolgreiche Umsetzung von Inklusion zwingend notwendig, ohne diese ist ein Scheitern vorprogrammiert (Deutsche UNESCO-Kommission 2014: 28).

4.3.1 Individuelle Bedürfnisse im Fremdsprachenunterricht

Viele Bundesländer bieten für den modernen Fremdsprachenunterricht Handreichungen, um hierdurch allgemein aufzuzeigen, was Inklusion für den Fremdsprachenunterricht bedeutet. Der Schwerpunkt bei konkreten Beispielen liegt jedoch ausschließlich auf körperlichen oder geistigen Beeinträchtigungen.

Haß (k.A.) und Haß/Kieweg (2012) zeigen für den Englischunterricht auf, dass verschiedene Beeinträchtigungen besonders berücksichtigt und im Fremdsprachenunterricht unterschiedliche Aspekte eingehalten werden müssen, um allen Kindern und Jugendlichen gerecht zu werden. Im Fremdsprachenunterricht könne man beispielsweise mit bewährten Methoden auf Kinder und Jugendliche mit Beeinträchtigung des Hörvermögens, mit Beeinträchtigung des Sehvermögens, mit phonetisch-phonologischen Störungen, mit semantisch-lexikalischen Störungen, mit syntaktisch-morphologischen Störungen, mit einer Lese-Rechtschreibschwäche, mit Aufmerksamkeitsstörungen, mit Autismus oder mit Angststörungen individuell eingehen. Auch genderspezifische Aspekte sollten beim Sprachlernen nicht vernachlässigt werden, Schüler mit einer besonderen Begabung für Fremdsprachen und jene mit mehr Unterstützungsbedarf beim Erlernen von Vokabeln, Grammatik usw. oder auch Kinder mit Migrationshintergrund, die meist durch eine andere Muttersprache einen anderen Zugang zum Erlernen der Fremdsprache haben, benötigen individuelle Förderung. Es zeigt sich: Die Heterogenität kennt (fast) keine Grenzen und (fast) jeder Schüler hat einen individuellen Förderbedarf. Dies sollte und muss beim Lehrer nicht zur Kapitulation bzw. zu einem Ohnmachtsgefühl führen: So homogen, wie meist vermutet, sind die Klassen heute schon nicht. Vieles vom oben genannten tritt in unterschiedlichen „Schweregraden" heute bereits in Klassen auf.

4.3.2 Herausforderungen für die Entwicklung eines inklusiven Ansatzes im (romanischen) Fremdsprachenunterricht

Ob in Mathematik, Physik, Sport oder Englisch – in allen Fächern müssen spezifische Überlegungen zur Implementation von Inklusion entwickelt werden. Im vorliegenden Kapitel sollen ausgewählte Probleme und Herausforderungen speziell für den (romanischen) Fremdsprachenunterricht aufgezeigt werden, wobei einige Aspekte natürlich auf andere Fächer übertragen werden können.

Haß (k.A.) erläutert, dass es neben einer gesamten Neudefinition des Qualitätsverständnisses von Schule und Unterricht vor allem notwendig ist, ein angenehmes, angstfreies, tolerantes und freundschaftliches Klassenklima zu schaffen. Im Fremdsprachenunterricht haben die Schüler etwa häufig bei der Aussprache der fremden Sprache Hemmungen oder gar Ängste. Daher müssen gute zwischenmenschliche Beziehungen in der Lerngruppe geschaffen werden, zwischen den Schülern sowie zwischen Schülern und Lehrer, um Hemmungen abzubauen.

Damit jeder Schüler am Unterricht teilnehmen kann, müssen aber auch bestimmte organisatorische und logistische Maßnahmen vorgenommen werden. Für Höraufgaben braucht es zum Beispiel eine adäquate technische Ausstattung für Hörbeeinträchtigte oder eine gute Raumakustik, z.B. durch Auslegeware. Dies müssen dann Lehrkräfte, Schulleiter, Sozialpädagogen, Eltern und Schüler, am besten gemeinsam, auch einfordern, denn selbst vor dem Hintergrund von Haushaltsbeschränkungen besteht ein Recht darauf.

Da im gesellschaftlichen Grundverständnis ein hohes Leistungs- und Konkurrenzdenken besteht, ist eine weitere Herausforderung, dass die Lehrkräfte den Schülern vermitteln müssen, dass jeder sein eigenes Lerntempo beschreiten kann und hierin individuell unterstützt wird. Beim Erlernen einer Fremdsprache ist man nicht zwingend „besser", weil man schneller als ein anderer 20 Vokabeln erlernt. Der eine lernt die Vokabel ein wenig später als der andere – das heißt nicht, dass er dümmer ist. Es gilt also auch hier, von der defizitorientieren Sichtweise wegzukommen; es geht um einen kompetenzorientierten Fremdsprachenunterricht, in dem jeder individuell gefordert und gefördert wird.

Insgesamt ist auffällig, dass besonders bei weiterführenden Schulen die Umsetzung der Inklusion schwierig ist. Nach der Grundschulzeit wird die Schule in Deutschland verstärkt zum Leistungszentrum. Fremdsprachenunterricht richtet sich heutzutage vor allem an leistungsstärkere Schüler und wird dadurch per se als schwierig gebrandmarkt. Angesichts der Globalisierung und zunehmenden Migration sowie der europäischen Einigung ist dies nicht mehr nachvollziehbar. Jeder Schüler sollte heute mehrere Fremdsprachen erlernen – unabhängig davon, ob er eher zu den höher Begabten zählt oder nicht. Die Herausforderung ist daher, Fremdsprachen lebendig und eingängig zu vermitteln, ohne immer die größten Schwierigkeiten und Ausnahmen in den Vordergrund zu stellen. Das Leistungssystem muss aber im Sinne eines inklusiven Bildungs- und Schulsystems insgesamt neu kategorisiert und strukturiert werden, denn die aktuelle Notenvergabe ist in den seltensten Fällen von Objektivität oder Reliabilität gekennzeichnet.

4.4 Die Akteure

4.4.1 Zentrale Rolle der Lehrkräfte bei der Umsetzung von Inklusion im Schulalltag

Wenn Inklusion im Bildungssystem erfolgreich umgesetzt werden soll, müssen verschiedene Aspekte betrachtet und unterschiedliche Ebenen miteinander verbunden werden. Schwack (2013: 48) führt vier Veränderungskomponenten an, mit denen es möglich wäre, inklusiver zu arbeiten – ohne aber allzu große finanzielle Mittel dafür zu benötigen: es geht um Veränderungen bei den Akteuren/Personen, Veränderungen in der Schule, Erneuerungen im Unterricht und Änderungen bei den Arbeitsbedingungen. Beispielsweise ist „eine Neudefinition des Rollenbildes sowohl der Sonder- als auch der RegelpädagogInnen" (Feyerer 2005: 276) notwendig. Erstere nehmen im Regelschulsystem eine neue Rolle ein und stehen Fachlehrkräften unterstützend zur Seite. An die Lehrkräfte der Regelschulen entstehen neue Anforderungen auf der sozialen, emotionalen und fachlichen Ebene. Stärker projektorientierte Angebote, eine engere Zusammenarbeit mit Kollegen und Vorgesetzen, eine verstärkte Elternarbeit oder das Aufbereiten neuer Lernmaterialen (Feyerer 2005: 278-279) – auf verschiedenen Ebenen muss bei ihnen ein neues Verständnis entwickelt werden und es müssen andere Arbeitsweisen vorhanden sein. Auch wenn die Forderungen nach Umgestaltung sehr komplex erscheinen, können bereits kleine Veränderungen vieles bewirken. Vor allem im Kontext der Neueinstellungen von Lehrkräften kann eine veränderte Haltung zur „Bedingung" gemacht und natürlich dann auch vorgelebt werden und damit zu positiven Veränderungen bei der Umsetzung von Inklusion im Schulsystem führen.

Problematisch ist, dass das bisherige Schulsystem und das Denken der Lehrkräfte vor allem defizitorientiert angelegt sind und eine Veränderung dieser Perspektive vermutlich noch viel Zeit in Anspruch nehmen wird. Für Inklusion ist es jedoch wichtig zu einer kompetenzorientierten Sichtweise in allen Bereichen des Bildungs- und Schulsystems zu gelangen, damit „allen Kindern das gleiche Recht auf Differenz zuerkannt" wird (Feyerer 2011: Kapitel 1).

Im Sinne der inklusiven Bildung sind in erster Linie die Lehrkräfte angesprochen, die Schule zu „modernisieren" und etwa Unterrichtsformen zu überdenken (Brüsemeister 2004: 294). Um überhaupt inklusiv vorzugehen, müssen sie „bisherige Standpunkte und Positionen und damit auch Funktionen und Machteinflüsse [...] hinterfragen" (Feyerer 2011: Kapitel 1). Auch wenn „[n]ach wie vor [...] ein großer Teil der theoretischen und empirischen Forschung auf die Frage nach dem ‚guten' oder gar ‚idealen' Lehrer ausgerichtet [ist]" (Caspari 2003: 24), geht es bei der Umsetzung von Inklusion darum nicht. Es muss vielmehr erreicht werden, den „Lehrerberuf als eine Profession zu sehen, in der die soziale Praxis das dominierende Element ist" (Jantowski 2013: 97). Jede Lehrkraft sollte sich persönlich ihre Rolle bewusst machen, nämlich nicht in erster Linie Unterrichtsstoff zu vermitteln, sondern jedes Kind, jeden Jugend-lichen, jeden Heranwachsenden, einfach jeden Schüler individuell zu fordern und zu fördern. Dies ist zunächst einmal ganz unabhängig von den institu-tionellen Gegebenheiten, wobei diese natürlich, je besser sie sind, unterstützend wirken können. Selbst wenn weitere Akteure einen Beitrag leisten müssen, Inklusion im Schul- und im Bildungssystem umzusetzen, ist immer wieder zu betonen, dass die Lehrer die Entwicklung und Umsetzung in den Schulen zu-vorderst vorantreiben müssen – sie spielen die zentrale Rolle. In diesem Kontext wurde auch ein „Profil für inklusive Lehrkräfte" entwickelt, die in der nach-stehenden Aufzählung (Deutsche UNESCO-Kommission 2014: 29) wiederge-geben ist:

1. Wertschätzung der Diversität der Lernenden – Unterschiede bei den Lernenden werden als Ressource und Bereicherung für die Bildung wahrgenommen.
2. Unterstützung aller Lernenden – die Lehrkräfte haben hohe Erwartungen an die Leistungen aller Lernenden.
3. Mit anderen zusammenarbeiten – Zusammenarbeit und Arbeit im Team sind wesent-liche Ansätze für alle Lehrkräfte.
4. Persönliche berufliche Weiterentwicklung – Unterrichten ist eine Lerntätigkeit und Lehrkräfte übernehmen Verantwortung für ihr lebenslanges Lernen.

Diese vier Punkte sind entscheidend, damit Inklusion von den maßgeblichen Akteuren – den Lehrkräften – umgesetzt werden kann, da sie tagtäglich Schüler im Lernalltag begleiten. Dabei darf jedoch nicht alle Verantwortung auf die ein-zelne Lehrkraft abgewälzt werden. Es ist daher dringend notwendig, dass die Schulleitung, Sozialpädagogen, einfach alle Beteiligten im Schulsystem bereit sind, die Lehrkräfte dabei zu unterstützen, mit allen Kindern zu lernen, allen

Kindern Wissen beizubringen und individuelle Fähigkeiten auszubauen. Die Deutsche UNESCO-Kommission (2014: 25) zählt die Akteure, die sich der Umsetzung von Inklusion verpflichten müssen, auf:

> Lehrkräfte, andere Pädagogen, unterstützendes Personal, Eltern, Kommunen, Schulbehörden, Entwickler von C urricula, Bildungsplaner, Unternehmen und Ausbildungsinstitute sind sehr wichtig für die Förderung von Inklusion.

Die Akteurskonstellation bzw. die bewusste Teilung der Aufgaben und die strukturierte Zusammenarbeit der verschiedenen Akteure ist von besonderer Bedeutung, um Inklusion erfolgreich umsetzen und praktizieren zu können (cf. Brüsemeister 2004: 287-313). Um Inklusion bzw. ein inklusives Handeln im Bildungssystem zu verfolgen, muss etwa in der Schule genau analysiert werden, welche Voraussetzungen für ein Kind geschaffen werden müssen, damit dieses sich frei entfalten kann. Dies kann die einzelne Lehrkraft nicht allein übernehmen.

Natürlich sind neben den personellen weitere Aspekte für die Umsetzung von Inklusion notwendig: Die materielle Ausstattung der Schulen ist ein wichtiger Grundpfeiler. Diese muss die Schulleitung organisieren und die Lehrer wiederum müssen diese einfordern. Dies ist ein häufig gehörtes Argument für Sonderschulen, da diese meist gut ausgestattet seien mit Material für die Förderung von Schülern, doch das ändert nichts daran, dass sie in der Regel zu „Ghettoisierung, Stigmatisierung, Lernen ohne ausreichende Vorbilder" (Feyerer 2011: Kapitel 2) führen. Schöler beschreibt eindrucksvoll die Rolle der Pädagogen anhand eines behinderten Kindes:

> Für das Kind mit Behinderung gilt: Je schwerer die Behinderung ist, umso nötiger braucht das Kind die vielfältigen Anregungen der nichtbehinderten Kinder […]. Je schwerer das Kind behindert ist, umso nötiger braucht dessen Familie die Entlastung und di e Unterstützung durch die Gesellschaft, damit die Familie das Kind annehmen und be halten kann. Ein Kind mit Behinderung auf dem langen Weg der Menschwerdung durch Erziehung als ‚nicht integrierbar' zurückzulassen, bedeutet, ihm das Menschsein abzusprechen. Die Gefahr ist groß, von dieser möglichen Entscheidungen der Pädagog/innen zu Beginn der Schulzeit die Rechtfertigung für Mediziner/innen oder Philosoph/innen abzuleiten, einem Menschen bereits am Anfang seines Lebens das Recht auf Leben abzusprechen (Schöler 2009: 155f.).

Entgegen den weitverbreiteten Erwartungen reichen meist bereits wenige materielle Grundgegebenheiten in einer Regelschule aus – z.B. Braille-Hilfen beim

Computer für Kinder mit Sehbeschwerden oder zusätzlicher Unterricht in Deutsch als Fremdsprache für jene, deren Muttersprache nicht Deutsch ist –, um Kinder mit ihren individuellen Bedürfnissen zu unterstützen. Wenn man den Beginn der Umsetzung von inklusivem Handeln immer wieder hinausschiebt, indem man darauf hinweist, dass die perfekten Bedingungen ja noch nicht gegeben sind, wird Inklusion nie umgesetzt werden. Daher muss einfach begonnen werden – jeder kann mit inklusivem Handeln anfangen. Der Prozess wird sowieso dauern und voraussichtlich nie ganz zufriedenstellend abgeschlossen sein.

Es sei auch im Kontext der Betrachtung der zentralen Rolle der Lehrkräfte noch einmal darauf hingewiesen, dass es bei der Umsetzung von Inklusion nicht nur um die Berücksichtigung von Kindern und Jugendlichen mit einer Behinderung geht; Lernbeeinträchtigungen, denen Beachtung geschenkt werden sollte, können in vielfacher Weise auftreten, „denn Kinder mit Lernbeeinträchtigungen sind nicht einfach nur schwache Schüler, schlechte Lerner oder gar desinteressierte, faule Kinder" (Vernooij 2013: 29). Es geht darum, dass vom Lehrer einfach die Vielfalt der Lerngruppen anerkannt werden muss und dass jeder Schüler spezifische Bedürfnisse hat, auf die um Unterricht eingegangen werden sollte. Inklusion beginnt im Kopf des Lehrers: Jeder benötigt eine individuelle Forderung und Förderung – es sollte generell nicht von Beeinträchtigung, Schwächen usw. ausgegangen werden, sondern von den Stärken und den zu fördernden Fähigkeiten. Auch leistungsstarke Schüler müssen besonders gefördert werden. Es muss also anerkannt werden, dass jeder Schüler etwas Besonderes darstellt, denn

> [e]s geht bei Inklusion letztlich um den Umgang mit Unterschieden insgesamt, und dabei sind viele Aspekte wichtig, etwa Geschlechterrollen, kulturelle Hintergründe, soziale Milieus, sexuelle Orientierungen, Erstsprachen, körperliche Bedingungen und andere mehr (Hinz 2011: 59).

In jedem Fall muss sich bewusst gemacht werden, dass in Zukunft Kinder und Jugendliche mit unterschiedlichen Bedürfnissen und Lernvoraussetzungen mit anderen Kindern und Jugendlichen zusammen lernen werden – dies wird in Zukunft den Alltag der Schulen bestimmen und in einigen Jahren – hoffentlich nicht erst in Jahrzehnten – die Regel sein werden.

Viele Lehrkräfte stufen ihr Wissen über Inklusion aber noch als nicht ausreichend ein (Schwack 2013: 43), sie fühlen sich überfordert bzw. einfach nicht
mitgenommen bei der Einführung in den Schulen. Meist haben sie nur ein un-
klares Verständnis davon, was Inklusion überhaupt bedeutet und wie sie im
konkreten Unterricht praktisch umgesetzt werden kann. Hier gibt es dringenden
Bedarf an praxisorientierter Weiterbildung und Unterstützung. Doch auch wenn
sich aktuell viele Lehrkräfte nicht auf den inklusiven Schulalltag ausreichend
vorbereitet fühlen, sollte die Angst ihr Handeln nicht bestimmen.

4.4.2 Die Rolle des Sprachenlernenden

Die spezifischen individuellen Lernstrategien, die Lernumgebung, die individuelle Sprachlerneignung, der eigene Lernstil usw. sind dafür ausschlaggebend,
„welches Lerntempo, welcher Grad sprachlicher und kommunikativer Kom-
plexität und welche Vermittlungsmethoden für einen erfolgreichen Fremd-
sprachenerwerbsprozeß des einzelnen Lerners am besten geeignet sind" (Jäger
1984: 31). Die Fremdsprachenlehrkräfte sollten hierauf eingehen; wiederum
kann auch die „strukturelle und konzeptionelle Veränderung des Sprachenler-
nens [...] nicht unabhängig von Fremdsprachenlehrer/inne/n gedacht werden"
(Fäcke 2008: 15). Mehr denn je ist es daher notwendig,

> [...] to prepare suitable programmes and train enough qualified teachers to be
> able to work with all migrant groups in the countries where the migrant body is
> very diverse (Siarova/Essomba 2014: 1).

In den letzten Jahren wurde immer wieder thematisiert, dass der Lerner im Zentrum des Fremdsprachenunterrichts und damit im Zentrum des Lehr- und Lern-
prozesses steht (Leupold 2002: 156) – auch ein inklusiver Ansatz setzt hier an.
Bei der Beachtung der kulturellen Vielfalt und der Heterogenität der Schüler mit
Mehrsprachigkeits- bzw. Migrationshintergrund sowie bei der Beachtung der
Buntheit in einem Klassenzimmer spielen die einzelnen Sprachlernenden, nicht
zuletzt, weil sie ja als Ziel des Unterrichts die Fremdsprache erwerben sollen,
die entscheidende Rolle. Daher stellt sich auch immer die Frage, wie die
Sprachenlernenden den Fremdsprachenerwerb bzw. den Vorgang des Sprach-
erwerbs selbst wahrnehmen. Es konnte festgestellt werden, dass die bereits vor
der ersten Unterrichtsstunde bestehende Einstellung zu den Sprachen wichtig ist

(Oomen-Welke/Peña 2005: 289), denn die Schüler sind beispielsweise durch ihr familiäres Umfeld geprägt worden bzw. positiv oder negativ beeinflusst worden, welche Sprachen ganz besonders wichtig sind. Der Kontakt von verschiedenen Sprachen findet in einer polylingualen Gesellschaft, wie sie aktuell in Deutschland vorhanden ist, im lebendigen Kontext, also überall in der Gesellschaft und damit auch in der Schule, statt (Oomen-Welke/Peña 2005: 290). Aber etwa auch in internationalen Firmen, die Angestellte mit unterschiedlichen kulturellen Hintergründen haben, oder in der Freizeit, in der man auf unterschiedliche Menschen aus verschiedenen Kulturkreisen treffen kann.

Wie Oomen-Welke/Peña (2005) aufzeigen, ist das Bild des Fremdsprachenlernens in der Schule oder der Zweitspracherwerb etwa bei Migration auch damit verbunden, wie die Sprachen, der Spracherwerb, sprachliches Lernen und damit die Einstellung gegenüber den zu erlernenden Sprachen in der Familie, aber auch in anderen gesellschaftlichen Bereichen, konnotiert ist.

Bezogen auf die Schule konnte festgestellt werden, dass das „Lernen einer Fremdsprache in der Schule [...] nicht so gut weg[kommt]" (Oomen-Welke/Peña 2005: 319). In einem Unterricht, in der auf alle Schüler eingegangen wird, steht die Frage der Lernerorientierung an oberster Stelle (Leupold 2002: 124).

> Entscheidend ist, dass Kinder und Jugendliche ihre individuelle Mehrsprachigkeit in der Schule als eine wichtige Ressource für das weitere Sprachenlernen erkennen und von ihren Lehrkräften dazu angeleitet werden, ihr persönliches Mehrsprachigkeitsprofil gezielt weiterzuentwickeln (Schöpp 2015: 179).

Auch wenn nach wie vor die Vermittlung der Sprache und nicht der Kultur im Fremdsprachenunterricht im Vordergrund steht, müssen die Schüler jedoch zumindest die verschiedenen Kompetenzen erwerben, „das im Unterricht (und anderer Stelle) erworbene Wissen aktiv und adäquat in der Kommunikation anzuwenden" (Leupold 2002: 81). Bei einem inklusiven Ansatz geht es schließlich immer darum, die Selbsttätigkeit der Fremdsprachenlerner zu fördern. Sie sollen lernen, kreativ zu sein, indem sie auf Probleme in der Fremdsprache reagieren können.

Wenn man die Bereiche Migration, Mehrsprachigkeit und Inklusion beim Fremdsprachenerwerb gezielt verbindet, wird jeder Lerner davon profitieren, denn bei einem Aufenthalt in einem Land, in dem die erlernte Sprache gesprochen wird, erfährt jeder schnell selbst, was es bedeutet, eine Sprache nicht perfekt zu beherrschen. Der Einzelne erfährt die „Begrenztheit der eigenen Sprache und seines Lebensraums" (Jäger 1984: 35), sobald er sich in die fremdsprachige Welt aufmacht. Auch dies zu vermitteln, ist Aufgabe des Fremdsprachenunterrichts. In diesem Sinne wirbt ein inklusiver Fremdsprachenunterricht ganz praktisch und fast nebenbei für Verständnis und Toleranz mit Migranten.

4.5 Inklusiver Unterrichtsansatz durch kooperative Methoden

Ein auf Einheitlichkeit getrimmter Unterricht ist vor dem Hintergrund inklusiver Bildung bzw. individueller Förderung den unterschiedlichen Voraussetzungen der Schüler nicht mehr angemessen; auch dem Gesellschaftswandel – etwa durch die Öffnung der Grenzen innerhalb Europas – wird das nicht mehr gerecht. Hier setzen Methoden an, die einen inklusiven Unterrichtsansatz unterstützen.

Im Fremdsprachenunterricht sollte es nicht mehr das Ziel sein, aus der heterogenen Lerngemeinschaft eine Gruppe mit gleichem Wissensstand zu machen und auf dieser Basis irgendwelche Förderbedarfe zu errechnen, sondern die unterschiedlichen Stärken und Schwächen der einzelnen Fremdsprachenlerner speziell zu identifizieren und zu fördern. Frevel (2008: 55) meint, dass vom Fremdsprachenlehrer „die Vermittlung adäquater Methoden", um die Kooperations- und Kommunikationsfähigkeit und die Kritik- und Konfliktfähigkeit der Schüler zu fördern, erwartet werden könne. In diesem Kontext soll die Lernerautonomie, also „dass der Lernende autonom über Ziele, Methoden, Inhalte, Arbeitstechniken, die zeitlichen und räumlichen Umstände seines Fremdsprachenlernens entscheiden kann" (Frevel 2008: 61), besonders gefördert werden. Die vermehrte Verwendung flexibler Lehr- und Lernmethoden – vor allem die Verwendung kooperativer Methoden – ist hier etwa ein guter Weg, um die individuellen Stärken zu beachten, spezielle Defizite ausgleichen und Erfolge für den Einzelnen schaffen zu können.

Um in der Regelschule alle Schüler berücksichtigen zu können, ist also ein verstärkt selbstorganisiertes Lernen gefragt. Kooperative Methoden, wie das Gruppenpuzzle, das Kugellager, die Gruppenrallye oder die 1-2-4-Alle-

Methode, fördern individuelles Lernen im Fremdsprachenunterricht und sind daher zu den für inklusiven Fremdsprachenunterricht adäquaten Methoden zu zählen. Zwar bieten Lehrwerke eine stringentere „Richtschnur für Lehrende und Lernende" (Thiele 2012: 20); sie weisen zudem eine abgestimmte thematische bzw. sprachliche Progression auf und sind auch im Zeit- und Materialaufwands-Vergleich (Konzeption, Erstellung, Produktion) effektiver, doch der Lehrer geht durch kooperative Unterrichtsmethoden und je nach Lerngruppe speziell konzipierte Aufgaben und Übungen besser auf die Individualität der Lernenden ein. Der Frontalunterricht als Sozialform oder als Unterrichtsmethode soll hier keineswegs verdammt werden – er ist eine für bestimmte Vermittlungssituationen geeignete Form –, doch wird die Förderung des Einzelnen durch die Verwendung kooperativer Unterrichtsmethoden in der Regel besser gewährleistet. Wenn die Lehrkraft die Stärken und Schwächen bzw. die Interessen und Motivationen ihrer Schüler kennt, ist eine Beachtung der Binnendifferenzierung – ganz im Sinne eines inklusiven Ansatzes – bei der Aufgabenerstellung möglich.

Zwar dürfen strukturelle Änderungen im Schul- und Bildungssystem nicht vernachlässigt werden, doch kann jeder Lehrer bereits – wie am Beispiel der Unterrichtsmethodenwahl sichtbar wird – direkt etwas dazu beitragen, dass Inklusion Einzug in die Schulen hält. Er kann dabei auf bewährte Modelle und Ansätze zurückgreifen. Allein durch eine permanente Beachtung der Lernerorientierung, die schon im Rahmen der (vermeintlich) etablierten Binnendifferenzierung verstärkt gefordert wurde, wird der Schüler selbsttätig und autonom geschult, so dass eine Förderung der Individualität gegeben ist (Leupold 2002: 124; 143-144; 146). Im Fremdsprachenunterricht wird die Beachtung der individuellen Bedarfe der Fremdsprachenlerner besonders wichtig bzw. noch wichtiger. Beispielsweise haben Schüler, wie bereits erläutert, Hemmungen, wenn sie die fremde Sprache aussprechen sollen, oder andere benötigen mehr Zeit beim Erlernen der fremden Wörter. Die Umsetzung von Inklusion im Fremdsprachenunterricht ist auch als Chance zu sehen, denn es wird dadurch mehr denn je möglich auf die individuellen Lernbedürfnisse einzugehen und auch die Schüler verstärkt für die fremde Sprache zu interessieren. Häufig sind Schüler an einer Fremdsprache desinteressiert, weil sie das Erlernen als zu „schwer" empfinden. Offene Unterrichtsformen eigen sich hervorragend, die Selbständigkeit und

Eigenverantwortlichkeit der Schüler zu fördern und sie faktisch ohne künst-
lichen Druck ihren Lernprozess individuell gestalten zu lassen, denn „Unterrichtsmethoden sind ein integraler Bestandteil der Didaktik; Weg und Ziel
bedingen einander wechselseitig und können nicht in einem schlichten Nach-
einander bestimmt werden" (Wiechmann 2006: 9). Der offene Unterricht

> unterscheidet sich vom lehrerorientierten dadurch, dass die notwendige Differenzierung
> und Individualisierung des Lernens nicht vom/von der Lehrer/in, sondern von d en
> Betroffenen selbst gewährleistet wird (Hegele 2006: 64).

De Florio-Hansen (2008: 96) weist ebenso darauf hin, dass „identitätsstiftende
und persönlichkeitsbildende Aktivitäten gefragt" sind, das heißt konkret, dass
die Fremdsprachenlerner in den Unterricht mit all seinen Facetten eingebunden
werden müssen. Nur so können sie kontinuierlich dafür interessiert werden, sich
mit der fremden Sprache und Kultur auseinanderzusetzen.

Durch die Verwendung von kooperativen Methoden kann auf Lernvielfalt besonders gut eingegangen werden. Daher sind diese auch eine beliebte Form des
offenen Unterrichts, auch wenn es nicht *die* Methode gibt, denn selbstverständlich müssen die Lernvorausetzungen der Schüler oder auch die Rahmenbedingungen der Schule jeweils berücksichtigt werden (Meyer 1988: 38). Durch
diese Methoden ist es aber möglich, verschiedene Kompetenzen im Fremdsprachenunterricht speziell auszubauen. Der Arbeitskreis Inklusion der Bezirksregierung Düsseldorf (2012: 24) meint: „Es gibt keine spezielle Didaktik des
gemeinsamen Lernens. Zielführend ist in jedem Fall die Leitidee der ‚individuellen Förderung'".

Als konkrete geeignete Unterrichtmethode, wenn man einen inklusiven Ansatz verfolgen und „das Prinzip, die Selbsttätigkeit der Lerner zu fördern" (Leupold 2002: 143) beachten will, kann etwa das Lernen an Stationen (d.h. Stationenlernen, Lerntheke bzw. Lernbuffet) angeführt werden. Die Schüler können
beim Stationenlernen durch die Untergliederung eines Themas in verschiedene
Teilgebiete die konkreten Lerninhalte – je nach individuellem Kenntnisstand –
mitbestimmen. „Menschen denken, lernen und handeln […] unterschiedlich"
(Hegele 2006: 60) und daher ist die Mitbestimmung bei Tempo und Auswahl
der Reihenfolge eine besondere Qualität. Fäcke (2011: 61) erklärt, dass

[d]as Stationenlernen [...] eine Adaption des Zirkeltrainings aus dem Sportunterricht [ist], wobei Lernende eigenständig etliche Stationen im Unterricht selbständig bearbeiten und dabei u. U. auch die Reihenfolge der Bearbeitung selbst festlegen. In all diesen Formen tritt die Lehrkraft von einer zentralen, steuernden Position zurück und nimmt eine lernberatende Funktion wahr.

Wenn an jeder Station verschiedene Niveaustufen angeboten werden, steigt der Grad der individuellen Berücksichtigung des einzelnen Schülers noch. Durch die unterschiedlichen Stationsaufgaben werden in der Regel verschiedene Sinne angesprochen. All diese Aspekte des Lernens an Stationen passen zu den verschiedenen Bereichen, wie sie auf nationaler oder internationaler Ebene vielfach gefordert werden, um Inklusion im Schulalltag umzusetzen (Schlaak 2015). Ob nun beim Stationenlernen oder beim Lernbuffet/bei der Lerntheke, Vorteil an diesen Methoden ist, dass ein autonomes Lernen zugelassen und die Binnendifferenzierung explizit ermöglicht wird. Butzkamm (2007: 368) erklärt: „Menschen lernen Sprachen unterschiedlich schnell und gut." Auch wenn auf Lehrkraftseite vergleichsweise viel Zeit bei der Vorbereitung benötigt wird, eine genaue Planung vorab erfolgt sein muss, auch eine transparente Leistungsbeurteilung nicht immer möglich ist und es stellenweise zu einer Überforderung der Schüler kommen kann, ist jedoch für den Fremdsprachenunterricht festzustellen, dass jeder Schüler seinen Sprachlernprozess durch diese Methode mitbestimmen kann. Dies bietet große Chancen und sollte insbesondere in heterogenen Klassen von Lehrkräften vorurteilsfrei ausprobiert werden.

Selbst wenn zweifelsohne in verschiedenen Bereichen Veränderungen erfolgen müssen, damit Inklusion funktionieren kann, können Lehrkräfte allein durch die Wahl der Unterrichtsmethoden – ohne bedeutende finanzielle Unterstützung – dazu beitragen, den inklusiven Weg zu gehen.

4.6 Inklusive Leistungsbeurteilung im Fremdsprachenunterricht

In vielen Diskussionen oder wissenschaftlichen Abhandlungen (u.a. Feyerer/ Prammer 2002) wird die Frage gestellt, wie eine Leistungsbeurteilung im Fremdsprachenunterricht in einem inklusiven Schulsystem bzw. im konkreten Unterricht aussehen kann. Aus den bisherigen Ausführungen wurde erkennbar, dass Heterogenität, Miteinander, Differenzierung, Schülerzentriertheit, freie

Unterrichtsformen und Autonomie bei der Umsetzung von Inklusion im Vordergrund stehen. Daher scheint es vielen äußerst schwer zu fallen, sich eine Leistungsbeurteilung vorzustellen – vor allem weil das jetzige System auf Homogenität und Lehrerzentriertheit ausgelegt ist. Lehrkräfte müssen dafür ihr Verständnis von Leistung hinterfragen. Viele Lehrkräfte würden gern ein anderes Leistungssystem installieren, können sich aber wiederum nur schwer vorstellen, vom bisherigen Notensystem abzuweichen.

Da die Thematik äußerst komplex ist, kann in dieser Arbeit nicht ausführlich darauf eingegangen werden, wie Leistungsbeurteilung im inklusiven Fremdsprachenunterricht aussehen kann. Weil es aber selbstverständlich ein wichtiger Aspekt im Schulsystem ist, soll zumindest kurz angerissen werden, wie alternative Möglichkeiten der Leistungsbewertung funktionieren könnten. Häufig wird in Diskussionen angeführt, dass Ziffernoten mit einem inklusiven Unterricht nicht kompatibel sind. Dies wäre aber durchaus denkbar, wenn Lehrkräfte daran unbedingt festhalten wollen. Die bestehenden Rahmenlehrpläne und das Zentralabitur an den weiterführenden Schulen bilden hier gewisse Vorgaben.

Es müssten jedoch Veränderungen in der Einstellung zu den Ziffernoten erfolgen. Während heutzutage viele Lehrkräfte durch die Notenvergabe eine scheinbar objektive Selektion u.a. für den weiteren Bildungsweg treffen, steht im Fokus des inklusiven Unterrichts eine subjektive Bewertung bzw. Förderung. Dazu müssen etwa in einem inklusiven Fremdsprachenunterricht individuelle Bewertungsmaßstäbe festgelegt werden. Wenn ein Schüler beispielsweise beim Vokabellernen mehr Zeit als ein anderer benötigt, muss diese Zeit individuell festgelegt und nicht schlecht benotet werden. Die Notenvergabe erfolgt auf Basis dieser individuellen „Vereinbarung" und nicht anhand eines standardisiert-homogenen Messsystems.

Im Fokus müssen also die Leistungsfähigkeit und Lernbereitschaft der einzelnen Schüler stehen (u.a. Feyerer/Prammer 2002). Andere Formen der Leistungsbeurteilung, etwa der Entwicklungsbericht, sollten ebenfalls, soweit es geht, Anwendung finden, doch kann, wie dargelegt, auch das bisherige Ziffernsystem genutzt werden, jedoch jeweils individuell ausgelegt. Kritisch anzumerken bleibt jedoch, dass Ziffernoten bei vielen Schülern eher Angst verursachen anstatt

Belohnungsanreize zu sein – ob das die Vermittlung von Wissen und Methodenwissen einfacher macht, bleibt kritisch zu hinterfragen.

In einem Gesellschaftssystem, das weitgehend über Leistung und über die Macht des Stärkeren definiert wird, hat es Inklusion im Bildungssystem schwer, obwohl inklusive Pädagogik mitnichten eine leistungsfeindliche Pädagogik ist. Der Leistungsanspruch kann nach wie vor bestehen bleiben, jedoch stellt sich die Frage nach der Lernteilhabe: Durch das der Gliedrigkeit unseres Schulsystems inhärente Leistungsprinzip, kann der „Schwache" nur hinten anstehen. Dabei stimmt das Vorurteil nicht, dass Kinder mit einer Beeinträchtigung den normalen Leistungsprozess behindern würden, denn durch den gemeinsamen Austausch verschiedener Lösungsansätze und den damit einhergehenden Diskussionen profitieren alle Schüler.

4.7 Inklusionsschulen im Kontext von Mehrsprachigkeit und Migration: Gutes-Praxis-Beispiel Berg-Fidel-Schule Münster

Jacobs (2009: 47) meint, dass die „Förderung und der Aufbau emotionaler Beziehungen zwischen Kindern, Eltern und Erzieherinnen/Erziehern [...] ein wesentliches Anliegen" von Inklusionsschulen ist und dass „positive emotionale Bindungen die wichtigste Voraussetzung dafür darstellen, Lernprozesse erfolgreich in Gang zu setzen". Dass dies möglich ist, zeigt beispielsweise die Berg-Fidel-Schule in Münster. In diesem Unterkapitel soll diese beispielhaft dafür stehen, dass die Umsetzung von Inklusion in Schulen auch in Deutschland gelingen kann.

Es handelt sich bei der Berg-Fidel-Schule um eine Ganztagsschule (http://www.ggs-bergfidel.de/). Markanter Grundgedanke der Schule ist, dass Kinder und Jugendliche von der Klasse 1 bis zu ihrem Schulabschluss zusammen lernen sollen. Alle Kinder werden als Individuen betrachtet, wobei Kinder mit spezifischem sonderpädagogischen Förderbedarf gemeinsam mit anderen Kindern in einer Klasse lernen, und dabei individuelle Unterstützung erhalten. Es herrscht die Überzeugung, dass keine der Klassen homogen ist – sowohl bezogen auf Alter, Kompetenzen, Kulturalität usw. Eine homogene Gruppe ist auch nicht Ziel des Lernkonzepts. So heißt es auf der Homepage der

Schule: „Differenzierung und Individualisierung sind bei uns Normalität. Insofern hat sich kaum etwas verändert".

Die jeweiligen Lernangebote werden stets in einem Team zusammen erarbeitet; durch die altersgemischten Klassen können sich zudem die Schüler gegenseitig unterstützen – der heterogene Ansatz wird damit gelebt; Lernpatenschaften sind zudem ein wesentlicher Bestandteil des Lernkonzepts der Münsteraner Schule. Wie auf der Homepage angegeben wird, haben 60 Prozent der Kinder einen Migrationshintergrund. Für die vorliegende Arbeit scheint diese Schule also besonders interessant, da hier mehr als 200 Schüler aus 22 Nationen unterrichtet werden.

Auffällig ist das „Leistungsprinzip", denn jeder Schüler wird stets auf seine individuellen Lernerfolge hingewiesen. Die Schüler lernen etwa eine Fremdsprache in ihrer persönlich benötigten Zeit; es geht um den individuellen Fortschritt. Daher ist auch Sitzenbleiben kein Ansatz, der von dieser Schule verfolgt wird. Bis zur 8. Klasse gibt es zudem keine Notenzeugnisse.

Der Personalansatz weist auf notwendige Bedingungen hin, um Inklusion umzusetzen. Nicht nur, dass das Personal bzw. die Fachkräfte als Team zusammenarbeiten und schulstufenübergreifend eingesetzt werden können, es werden auch Praktikanten oder Muttersprachler als „Assistent Teachers" im Fremdsprachenunterricht in die Arbeit einbezogen. Umsetzung von Inklusion im Schulsystem bedeutet in der Regel mehr Zeitaufwand und dadurch mehr Personalbedarf – durch die Einbeziehung für Regelschulen ungewöhnliche Personengruppen kann der Personalbedarf hier aufgefangen werden. Durch Doppelbesetzungen, etwa durch die Zusammenarbeit von Klassenlehrern mit den Sonderpädagogen, kann individuelle Unterstützung ermöglicht werden.

Schließlich ist auffällig, dass ein klar definiertes Lern-Coaching betrieben wird. Es geht vor allem um Reflexion, sei es um individuelle Reflexion durch ein Lerntagebuch oder Gruppenreflexion durch den wöchentlichen Klassenrat. Auch nehmen die freie Arbeit und der Projektunterricht einen wichtigen Stellenwert an der Berg-Fidel-Schule ein, mit dem Ziel Selbstständigkeit und selbstständiges Arbeiten bzw. Gruppenarbeit sowie die Problemlösungsfähigkeit der einzelnen Schüler und in der Gruppe zu fördern.

III Empirische Untersuchung:
Mehrsprachigkeit, Migration und Inklusion

5. Empirische Vorgehensweise und Ergebnisse

In der vorliegenden Untersuchung werden nun folgend die Ergebnisse zweier Umfragen unter 1.) derzeitigen Lehrkräften in Deutschlernklassen (Kapitel 6) und 2.) Lehramtsstudenten der romanischen Schulfächer (Kapitel 7) analysiert.

5.1 Darstellung des Untersuchungsverlaufs

Die empirischen Erhebungen erfolgten in den Bundesländern Berlin sowie Rheinland-Pfalz und Nordrhein-Westfalen in zwei Phasen mit den oben genannten zwei verschiedenen Untersuchungsgruppen. Die Befragung der ersten Phase wurde in Berlin und die Befragung der zweiten Phase in Rheinland-Pfalz und Nordrhein-Westfalen vorgenommen. Die Datensammlung verfolgte das Ziel, in drei Bundesländern exemplarische Daten zu erhalten und unterschiedliche Lehrkräfte zur Thematik „Migration, Mehrsprachigkeit und Inklusion" zu erreichen, um breit gefächerte Antworten zu erhalten, wobei unterschiedliche Themenbereiche ins Zentrum gerückt wurde.

Begonnen wurde im Oktober 2014. Ursprünglich sollten lediglich qualitative Befragungen von Lehrkräften der Deutschlernklassen in Berlin vorgenommen werden, um aufzuzeigen, welche Probleme und Herausforderungen sich ergeben und um herauszufinden, in welchem Maße ein inklusiver Ansatz verfolgt wird. Im Zeitraum von Oktober 2014 bis März 2015 wurden zehn Tiefeninterviews von im Durchschnitt zwei Stunden Länge mit Lehrkräften der „Willkommens-/Integrationsklassen" geführt. Die Probanden wurden über persönliche Kontakte und Empfehlungen angefragt.

Aufgrund der Ergebnisse dieser Interviews wurden der ursprüngliche Untersuchungsverlauf und auch der Untersuchungsschwerpunkt noch einmal modifiziert, da die Probanden immer wieder auf die Lehrerausbildung verwiesen und diesen Bereich in den Tiefeninterviews sehr stark thematisierten. Zur Umsetzung eines inklusiven Schulsystems müsse hier der Fokus künftig gelegt werden, da es aufgrund einer ungenügenden Ausbildung/Weiterbildung zu erheblichen Schwierigkeiten und zu zahlreichen Problemen im Schulalltag komme. Um überprüfen zu können, ob dieser Sachverhalt, der auch in der Literatur angemerkt wurde (cf. Kapitel 2), tatsächlich Relevanz hat und ob hier ein erhöhter

Handlungsbedarf besteht, wurden in der zweiten Phase Lehramtsstudierende der Fächer Französisch, Italienisch und Spanisch in Rheinland-Pfalz und Nordrhein-Westfalen befragt. Dadurch sollte erörtert werden, wie ‚Inklusion' und speziell ein inklusiver Fremdsprachenunterrichtsansatz bei künftigen Fremdsprachenlehrkräften bekannt und vermittelt worden ist. In diesem Kontext wurden zwei Untersuchungsgruppen befragt: eine, die laut Studienordnung und Kurswahloptionen kein spezifisches Angebot an der Universität zum Themenkomplex „Inklusion" und „inklusiver Fremdsprachenunterricht" erhält und eine Gruppe, die – freiwillig – ein Seminar zur „Fremdsprachendidaktik und Inklusionspädagogik" im Rahmen des Bachelorstudiums an der Universität besucht hat. Dies ermöglichte den direkten Vergleich, ob es durch eine speziellere Ausbildung auch zu unterschiedlichen Ergebnissen kommt. Aufgrund der Rahmenbedingungen wurde entschieden hierzu quantitative Erhebungen durchzuführen. Insgesamt erstreckte sich die zweite empirische Untersuchung über den Zeitraum Januar bis März 2015. Es erfolgten keine persönlichen und individuellen Interviews; durch Pre-Tests wurde aber ein spezieller Fragebogen entwickelt. Des Weiteren zeigte sich durch die Pre-Tests, dass für die quantitative Erhebung die Untersuchungsmethode eines offenen Fragebogens vorzuziehen ist. Nur wenigen Fragen wurden Antwortkategorien zum reinen Ankreuzen zugeordnet. So konnte sichergestellt werden, dass die Probanden mit eigenen Worten antworten und zum Teil auch frei assoziieren konnten.

Für die Analyse der Ergebnisse der vorliegenden Arbeit liegen also Antworten von zehn Lehrkräften mit qualitativen Tiefeninterviews aus der ersten Untersuchungsphase und aus der zweiten Phase 30 Antworten von künftigen Lehrkräften, befragt mit Hilfe eines weitgehend offenen Fragebogens, vor.

5.2 Erhebungsmethode und *Questionnaire*

Für die beiden Datenerhebungen wurde jeweils ein spezifischer *Questionnaire* entwickelt. Auf Basis der Tiefeninterviews in der ersten Befragungsphase konnten qualitative Ergebnisse gewonnen werden. Die Probanden hatten hierdurch eine große Freiheit bei ihren Antworten, insbesondere bei den Begründungen. Die nachfolgende Datenerhebung der zweiten Phase ergab vermehrt quantitative

Ergebnisse. Aufgrund der vielen offenen Fragen in dem Fragenbogen war jedoch auch hier eine große Formulierungsfreiheit für die Befragten gegeben und
es wurden ebenfalls qualitative Ergebnisse gewonnen.

Der Fragebogen für die Tiefeninterwies bestand aus 18 Leitfragen bzw. thematischen Komplexen. Der Fragebogen für die schriftliche Befragung bestand
aus 24 Fragen. Im Anhang sind beide Erhebungsmittel zu finden.

In beiden Datenerhebungen wurden inhaltliche Fragen zu den Themen Mehrsprachigkeit, Migration und Inklusion gestellt, wobei unterschiedliche thematische Komplexe im Zentrum der jeweiligen Befragung standen. Bei beiden
Befragungen wurden das Verständnis von Inklusion, der Zusammenhang von
Mehrsprachigkeit und Inklusion, die Verbindung von Migration und Inklusion,
Informationen zur Lehrausbildung und zur Umsetzung im aktuellen Schulsystem
abgefragt. Für die Einordnung des jeweiligen Probanden wurden zudem persönliche statistische Daten erhoben.

Der Interviewleitfaden der ersten Befragung konzentrierte sich vor allem auf
die Frage der Exklusion/Integration/Inklusion, in der Weise, ob Extra-Klassen
bzw. Extra-Einrichtungen für Migranten die Förderung und Betreuung der
Schüler besser gewährleisten als die unmittelbare Integration in den regulären
Schulbetrieb. Anhand der Erfahrungen der Lehrkräfte der Willkommensklassen
sollte erörtert werden, welche Vor- und Nachteile bestehen und ob Individualität
und Differenzierung Berücksichtigung finden. Schwerpunktmäßig ging es um
die Ermittlung der Bedarfe und Bedürfnisse von Kindern und Jugendlichen mit
Migrationshintergrund bzw. Fluchterfahrung und wie die Lehrkräfte den Zusammenhang zwischen Migration und Mehrsprachigkeit im Kontext eines inklusiven Schulsystems betrachten. Obwohl alle Befragten Fremdsprachenlehrer
waren, wurde die Bedeutung des Fremdsprachenunterrichts bei dieser ersten
Befragungsphase nur peripher diskutiert.

Der Fragebogen der quantitativen Erhebung in der zweiten Phase konzentrierte sich stärker auf die aktuelle Situation von Inklusion im heutigen Fremdsprachenunterricht. Es sollte ermittelt werden, welche Probleme und Herausforderungen hier konkret bestehen. Neben der Frage, wie Inklusion im heutigen
Fremdsprachenunterricht umgesetzt werden soll und welche Voraussetzungen
dafür geschaffen werden müssen, wurde vor allem erörtert, wie zukünftige

Fremdsprachenlehrkräfte hierauf vorbereitet werden und ob ein kombinierter inklusionspädagogischer und fremdsprachendidaktischer Ansatz in der Ausbildung vermittelt wird.

5.3 Präsentation des Datenmaterials

Die Auswertung der Fragebögen erfolgte mit Microsoft Excel. Stellenweise wurden offene Fragen des *Questionnaire* der zweiten Datenerhebung zu geschlossenen Fragen umcodiert, um für diese eine prozentuale Verteilung errechnen zu können und grafische Umsetzungen dieser Verteilung zu erhalten. Auf die Umcodierung wurde bei variationsreichen Antworten verzichtet.

Nach der Zusammenführung der Antworten erfolgte die Phase der Auswertung und Analyse der Ergebnisse. Bei geschlossenen Fragen konnten Grafiken und so genannte Kreuztabellen erstellt werden, die gerade für die zweite Untersuchung sehr aufschlussreich sind, weil eine direkt vergleichende Betrachtung der beiden Untersuchungsgruppen möglich ist.

Anzumerken bleibt, dass bei den Ergebnissen die *missing answers* nicht berücksichtigt werden. Es tauchen daher nur die tatsächlich gegebenen Antworten in den Tabellen und grafischen Darstellungen auf.

Da die beiden Befragungen unterschiedliche thematische Komplexe beinhalteten, werden die Ergebnisse der beiden Untersuchungen in getrennten Kapiteln behandelt.

Korrekturen bei der Zitierung von Sprecheraussagen erfolgen in der vorliegenden Studie nicht. Sie werden in der Untersuchung genauso abgebildet, wie die Probanden sie formuliert haben.

5.4 Übersicht über die Probanden

Bei den Probanden handelt es sich zum einen um Lehrkräfte, die bereits im deutschen Schulsystem arbeiten und aktuell Fremdsprachenlehrkräfte sind und zum anderen um Lehramtsstudierende mit den Fächern Französisch, Spanisch und/oder Italienisch.

Die Probanden der Tiefeninterviews und der quantitativen Datenerhebung sind zu unterschiedlichen Anteilen vertreten: Es handelt sich um zehn durchgeführte Tiefeninterviews und 30 Teilnehmer bei der quantitativen Erhebung. Bei der quantitativen Erhebung muss noch einmal zwischen zwei Gruppen unterschieden werden: eine hat sich bereits in ihrem Studium mit der Thematik ‚Inklusion' beschäftigen können, die andere nicht.

Bei den Tiefeninterviews handelt es sich um vier Probanden männlichen Geschlechts und sechs weibliche Befragte. Als gemeinsames Kriterium hatten sie als Voraussetzung, dass sie Fremdsprachenlehrkräfte (der Fächer Französisch, Spanisch und/oder Italienisch) sind. Des Weiteren haben alle Kenntnisse über die Vermittlung des Deutschen als Fremdsprache.

Die Fragebögen wurden von 15 Probanden mit Kenntnissen zur Inklusion (davon 6 männliche und 9 weibliche Teilnehmer) und 15 Probanden ohne in der Ausbildung vermittelte Kenntnisse (davon 4 männliche und 11 weibliche Teilnehmer) beantwortet. Hier galt als Voraussetzung für die Teilnahme an der Untersuchung, dass die Befragten mindestens vier Semester in der jeweiligen Fremdsprache studiert haben und die Einführungsveranstaltungen zur jeweiligen Fachdidaktik besucht wurden.

5.5 Fehleranalyse

Wie in allen empirischen Untersuchungen sind „Fehler" quasi unvermeidlich. Dennoch wurde auch in dieser Erhebung/Befragung angestrebt, soweit wie möglich objektive Daten zu erhalten und Fehler zu vermeiden. Verschiedene Störfaktoren sind jedoch in den beiden vorliegenden Untersuchungen nicht auszuschließen. Die Kombination von schriftlichen und persönlichen Befragungen ist aber zur Vermeidung von Fehlern eine gute Strategie.

Aufgrund der relativen Emotionalität, die mit diesem Thema verbunden wird, ist ein gewisser Grad an Subjektivität bei den Probanden und der Interviewerin nicht zu vermeiden. Selbst scheinbar objektive Aussagen können daher unbewusst auf subjektiven Einschätzungen und verschiedenen lebensweltlichen Erfahrungen und Konnotationen beruhen. Sowohl die Probanden als auch die Interviewerin sind dabei von ihrer jeweiligen Umgebung und persönlichen Situation beeinflusst. Bei der Interpretation der Ergebnisse wurde bestmöglich darauf geachtet, keine Überbewertungen der Aussagen vorzunehmen. In

Zweifelsfällen hat die Verfasserin dieser Arbeit über die mögliche Bedeutung der Aussagen mit Kollegen diskutiert.

Da in dieser Arbeit mit einer qualitativen und quantitativen Erhebung gearbeitet wurde, sind unterschiedliche „Fehler" festzustellen. Während bei der direkten Befragung, den Tiefeninterviews, auf Missverständnisse oder bei Verständnisproblemen von Fragen darauf explizit eingegangen werden konnte, konnten beim Fragebogen, der quantitativen Erhebung, die Probanden „lediglich" über die Frageformulierung selbst informiert werden. Bei der persönlichen Befragung konnte der Befragte aber wiederum durchaus durch die Interviewerin selbst beeinflusst werden, da sie automatisch und unbewusst eine Kontrollfunktion einnimmt. Andererseits kann man nicht ausschließen, dass die Befragten bei der quantitativen Erhebung von Dritten beeinflusst wurden bzw. ist unklar, ob der Befragte die Fragen wirklich allein beantwortet hat.[3]

Sowohl bei der qualitativen als auch bei der quantitativen Befragung wurde darauf geachtet, dass vor allem offene Fragen formuliert wurden, damit die Probanden möglichst frei antworten konnten. Auch wenn im Nachhinein versucht wurde, grundsätzliche Tendenzen zu erkennen und Oberkategorien zu finden – hierdurch ist eine subjektive Verzerrung der Antworten möglich –, konnte so erreicht werden, dass sich die Probanden relativ frei gefühlt haben, zu antworten. Diese Form der Befragung hat jedoch den Nachteil, dass er enormen Zeitaufwand verursacht. Im Vordergrund steht in diesem Fall jedoch die Antwortfreiheit der Probanden so weit wie möglich zu gewähren.

---

[3]   Zu Fehlern in Untersuchungen cf. u.a. Schnell/Hill/Esser (1999: 336).

6. Integration oder Inklusion – Fremdsprachenlehrkräfte der Willkommensklassen

Im Rahmen dieser empirischen Erhebung wurden zehn ausgebildete Fremdsprachenlehrkräfte mit Kenntnissen in der Vermittlung von Deutsch als Fremdsprache befragt, die in den sogenannten „Willkommensklassen" in Berlin unterrichten. In diesem Kapitel werden die Ergebnisse dieser Befragung präsentiert. Dabei wird die Einschätzung der Lehrkräfte zur Bedeutung von Inklusion für ihre Arbeit und ob ein inklusives Schulsystem den Kindern und Jugendlichen mit Migrationshintergrund mehr Chancen und Möglichkeiten gäbe, erfragt. Es geht dabei auch um die Frage, wo konkret Handlungsbedarfe bestehen und ob ein inklusives Schulsystem diese Probleme besser auffangen könnte.

6.1 Unterscheidung Inklusion und Integration

Es fällt auf, dass die Lehrkräfte der Willkommensklassen ein sehr unterschiedliches Verständnis von Inklusion haben; die Vorstellung, was überhaupt unter Inklusion oder einem inklusiven Bildungs- und Schulsystem zu verstehen ist, differiert. Zwar wird von den Befragten durchaus ein Unterschied zwischen Inklusion und Integration gemacht, aber nicht in der Weise, wie die wissenschaftliche Literatur diesen darlegt oder wie der politische Rahmen es vorgibt. Einige sind auch überfordert, überhaupt Unterschiede klar zu benennen. Unsicherheiten bei der Abgrenzung bestehen in jedem Fall. Auffällig ist weiterhin besonders, dass eine starke Verbindung zwischen Inklusion und Behinderung einerseits und Integration und Migration/Kulturalität andererseits gezogen wird.

> Ich dachte, Inklusion bezieht sich auf Menschen mit irgendeiner Behinderung und Integration wird eher kulturell interpretiert (männlich, 32 Jahre, D/Span).

> Inklusion wird immer mit Behinderung assoziiert. Es sind aber nicht nur Behinderte, sondern es ist die Förderung aller Schüler im Unterricht. Das ist wichtig. Der Lehrer muss auf die Probleme des einzelnen Schülers eingehen (weiblich, 33 Jahre, Frz/ Chemie).

> Gibt es einen Unterschied zwischen Integration und Inklusion? Wenn ja, dann würde ich sagen, dass laut Medien Inklusion die Integration aller behinderten Schüler ist und die Integration dagegen die Integration aller Migrantenkinder (weiblich, 46 Jahre, Engl/Frz).

Ist Inklusion und Integration nicht eigentlich dasselbe? (weiblich, 38 Jahre, Eng/D)

Jedoch thematisieren die Lehrkräfte immer wieder die Besonderheiten der einzelnen Kinder und Jugendlichen in den Willkommensklassen. Diese könnten nach Meinung der meisten Befragten in einem inklusiven Schulsystem besser berücksichtigt werden:

Inklusion heißt bei unseren Kindern, dass die Besonderheiten der Kinder berücksichtigt werden, dass alle Beteiligten, also von der Schulleitung bis zu den Schülern, diese Besonderheiten wahrnehmen und a lles dafür tun, dass die Kinder trotz dieser Eigenschaften und Problematiken, die sie haben, an der Schule teilnehmen können (männlich, 32 Jahre, D/Span).

Bei Inklusion geht es um die Eingliederung von Kindern und J ugendlichen in eine Regelklasse, ja in eine Regelklasse, die einen besonderen Förderbedarf benötigen. Hierbei geht es nicht immer um eine Behinderung (weiblich, 42 Jahre, Span/D).

Jedes Kind ist einzigartig und jedes Kind muss speziell gefördert werden. Ich verstehe nicht, warum unsere Kinder und J ugendlichen so ausgegrenzt werden. Die anderen Schülerinnen und Schüler können über einen Austausch davon profitieren und die Welt offener sehen (weiblich, 31 Jahre, Frz/Politik/DaF).

Ein inklusives Schulsystem wäre auf die Bedürfnisse unserer Kinder vorbereitet gewesen. Sie wären dann nicht in Extraklassen gekommen, sondern hätten mit allen Kindern und Jugendlichen zusammen lernen können (männlich, 39 Jahre, Ge/D/Span).

Inklusion ist die individuelle Unterrichtsgestaltung für jeden einzelnen Schüler. Dies ist aber in unserem heutigen Schulsystem gar nicht möglich. Andererseits dürfen im Sinne von Inklusion keine Kinder ausgeschlossen werden (weiblich, 33 Jahre, Frz/Chemie).

Die Möglichkeiten einer besonderen und damit besseren Förderung der einzelnen Schüler werden im Kontext Inklusion von den Befragten deutlich betont. Es wird erkannt, dass Kinder und Jugendliche mit Migrationshintergrund individuelle Bedarfe und Bedürfnisse haben, auf die besonders eingegangen werden muss. Die Aussonderung in separate Klassen wird trotzdem überwiegend als problematisch eingeschätzt, denn in einem wirklich inklusiven Schulsystem hätten alle Kinder und Jugendlichen zusammen lernen können.

6.2 Die gesellschaftliche Dimension

Für Kinder und Jugendliche mit Migrationshintergrund ist gewissermaßen problematisch, dass Inklusion stets vor allem mit „Behinderung" in Verbindung gebracht wird, da somit – so paradox es klingt, weil es der Definition ja eigentlich grundsätzlich widerspricht – andere Gruppen bzw. Individuen in der Praxis ausgeschlossen werden.

Ich verwende auch Inklusion auf alle Kinder, abgesehen davon, ob sie alle Flücht-lingskinder sind, sind sie Kinder, die der Sprache nicht mächtig sind. Das macht die Kinder besonders (männlich, 32 Jahre, D/Span).

Es geht doch eigentlich bei Inklusion um die Anerkennung der Vielfalt. So wie auch die Gesellschaft vielfältig und verschieden ist. Unsere Kinder haben bezogen auf das Deutsche eine Sprachbarriere, aber trotzdem stellen sie einen Reichtum dar. Sie könnten den anderen Kindern so viel zeigen (männlich, 39 Jahre, Ge/D/Span).

Die Heterogenität der Gesellschaft wird in diesem Kontext also angesprochen. Auch wenn Kinder und Jugendliche eine spezielle Unterstützung brauchen, stig-matisiert eine Separierung sie nahezu grundlos. Flüchtlingskinder könnten eben auch als Reichtum im Schulalltag wahrgenommen werden. Andere Schüler könnten viel von ihnen lernen. Auffällig ist, dass von den Befragten in diesem Kontext auch die Bedeutung der Gesellschaft bzw. der notwendige Gesell-schaftswandel angesprochen wird. Für viele der Befragten ist es nicht verständ-lich, dass die mit Inklusion verbundenen Wandlungsprozesse bisher fast nur auf das Schulsystem bezogen werden. Die gesamte Gesellschaftsstruktur würde sich ändern, wenn Inklusion wirklich gelebt wird:

Durch Inklusion wird vor allem das Miteinander, eine soziale Gemeinschaft, gefördert (weiblich, 33 Jahre, Frz/Chemie).

In diesem Zusammenhang werden auch Vergleiche mit anderen europäischen Ländern, wie mit Spanien, gemacht, wo deutlich wird, dass Deutschland gesell-schaftlich weit davon entfernt ist, Inklusion zu leben:

Man kann es nicht konsequent nennen. Trotzdem ist es besser als nichts. Mit den neuen Sekundarschulen zum Beispiel. Aber es reicht noch lange nicht. In meinem Heimatland kennen wir das Problem nicht. In Spanien haben wir das gegliederte System nicht. Das merkt man nicht sofort.... Aber hier unterscheidet man nach der 5. Klasse. Das war für mich ein Schock als man hier angekommen ist. Sicherlich gibt es auch bei uns Unterschiede, soziale Unterschiede, die ungerecht sind, aber sie sind nicht so deutlich. Hier wird es einfach hingenommen, als ob es ganz natürlich wäre, dass Kinder selektiert werden. Das ist nicht normal für mich. Es ist nicht konsequent, dass es in der Schule angestrebt wird und nicht danach (männlich, 32 Jahre, D/Span).

In den nordischen Ländern ist das Schulsystem ganz anders. Anders weil es fort-schrittlicher ist. Dort lernen alle zusammen, weil es im Gesellschaftskonzept so angelegt ist. Deutschland ist zwar demokratisch, aber auch elitär im Schulsystem (weiblich, 46 Jahre, Engl/Frz).

Von den Befragten wird die Rolle der höheren Hierarchieebenen des Bildungs- und Schulsystems kritisch gesehen. Durch eine Haltungsänderung der Schulleiter oder der Schulämter könnte an den einzelnen Schulen bzw. in den Bildungsregionen einiges geändert werden, da diese eine Vorbildfunktion einnehmen und sich somit auch im System etwas ändern würde, da sie eine bedeutende Rolle ausfüllen. Diese Akteure können jedoch auch negativ wirken, wie eine Befragte berichtet:

> Häufig hat man den Eindruck, dass Schulleiter und Schulamt unsere Flüchtlingskinder gar nicht wollen. Viele Kollegen sind zwar nicht offen, wenn es um Mehrarbeit gehen könnte, fragen jedoch immer wieder interessiert nach. Leider kommt es zu keinem Austausch, da unser Schulleiter dies nicht will. Er will keine Unruhe haben, die sich durch einen Kontakt ergeben würde. Daher besteht er auch auf eine Trennung bei der räumlichen Situation, bei Pausenzeiten etc. (weiblich, 31 Jahre, Frz/Politik/DaF).

Auch wenn den Befragten sehr wohl bewusst ist, dass Inklusion nicht sofort im gesamten Alltag umgesetzt und gelebt werden kann, müsse die Gesellschaft beginnen, kleine Veränderungen anzugehen. Hierfür sei die Schule bzw. das Bildungssystem ein idealer Ort, da sich hierdurch mittel- bis langfristig die gesamte Gesellschaft ändern könne:

> Auch wenn es Schwierigkeiten gibt und auch die Gesellschaft sich verändern muss, muss man einen Samen legen. Man muss kleine Schritte machen. Das versucht man mit der Schule (weiblich, 42 Jahre, Span/D).

6.3 Personalbedarf für die Umsetzung von Inklusion

Von den Befragten wird immer wieder angeführt, dass es wichtig sei, dass verschiedene Akteure zusammenarbeiten, um die Kinder und Jugendlichen der Willkommensklasse zu unterstützen. Nicht nur ausgebildete Fachlehrer müssten im Team zusammenarbeiten, sondern auch Sozialpädagogen wären äußerst wichtig:

> Die Ausbildung der Lehrer reicht nicht. Sozialpädagogen sind enorm wichtig. Sie sehen das Kind im sozialen Kontext. Als Deutschlehrer weiß ich gar nicht, wie man auf bestimmte Traumata eingehen muss (weiblich, 42, Span/D).

Im Kontext von Inklusion wird die Rolle der Sonderschulen, der Sonderpäda-gogen, also der speziellen Fördereinrichtungen und der derzeit noch dort tätigen, in der Regel speziell ausgebildeten, Lehrer diskutiert. Alle Befragten sind sich einig, dass Spezialisten bzw. Sonder- und HeilpädagogInnen dringend benötigt werden und in die Regelschulen aufgenommen werden müssen, wenn Inklusion erfolgreich sein soll.

> Wenn die Rahmenbedingungen geändert werden, kann das Zusammenleben durch Unterstützung von Sonderpädagogen und Experten an Regelschulen funktionieren. Dies wäre auch wichtig, damit die „normalen" Kinder mit „diesen" Kindern lernen, sich mit ihnen auseinanderzusetzen und … e infach als normal betrachten. Das ist doch die wirkliche Gesellschaft (weiblich, 33 Jahre, Frz/Chemie).

Hieran wird deutlich, dass auch die Arbeitsstruktur von Lehrern sich mit der Umsetzung von Inklusion ändern müsste. Neben den Regelschullehrkräften müssten auch Experten, wie Sozialarbeiter, Sonderpädagogen, Heilpädagogen usw., an den Schulen ansprech- und flexibel einsatzbar sein. Gleichzeitig wird von vielen Befragten aber auch angeführt, dass Extraeinrichtungen weiterhin nö-tig sein werden, da das Regelschulsystem aktuell nicht alle Kindern und Jugend-liche aufnehmen kann, da es dafür einfach nicht konzipiert wurde.

> Sonderpädagogische Einrichtungen sind wichtig, da es einen Behinderungsgrad gibt, den der normale Schulalltag – wie die Bedingungen jetzt sind – nicht auffangen kann. Es sind einfach zu große Klassen, zu wenig Personal etc. vorhanden. Daher sind diese Einrichtungen momentan sehr wichtig, da diese Kinder sonst keine Chancen hätten, zur Schule zu gehen. Es müssten beispielsweise die räumlichen Bedingungen geändert werden (weiblich, 46 Jahre, Engl/Frz).

In der Aussage werden konkrete Bedingungen bzw. Kriterien, wie die Personal-situation oder die logistischen/räumlichen Vorrausetzung, angeführt, die verän-dert werden müssten. Als eine weitere wichtige Voraussetzung wurde die Aus-bildung- und Weiterbildungssituation von den Befragten sehr stark thematisiert. Immer wieder wurden die fehlende Ausbildung bzw. die fehlenden (aber not-wendigen) Kenntnisse moniert, um überhaupt inklusiv arbeiten zu können. Viele Lehrkräfte benötigen Unterstützung:

> Was konkret Inklusion bzw. inklusives Arbeiten im Fachunterricht heißt, weiß ich eigentlich nicht. Okay, wir müssen die individuellen Bedürfnisse berücksichtigen, aber wie das konkret aussieht, zum Beispiel bei der Unterrichtskonzeption, kann ich mir nur schwer vorstellen. Hier müssten Weiterbildungsangebote geschaffen werden, die man

aber nicht wieder freiwillig oder in seiner Freizeit besuchen soll. Das schafft doch keiner (weiblich, 46 Jahre, Engl/Frz).

Vor diesem Hintergrund sind auch Experten bzw. Sonderpädagogen wichtig, da sie hilfreich und unterstützend zur Seite stehen können:

Für unsere Kinder wäre es bereichernd, wenn wir solches Personal an der Schule hätten. Ich hatte immer das Gefühl oder den Eindruck, dass man die Besonderheiten dieser Kinder nicht wahrnimmt, nicht wahrnehmen kann oder auch nicht wahrnehmen will. Dass man davon ausgeht, dass sie ganz normal lernen können, man stellt ganz hohe Ansprüche an sie, man geht davon aus, dass sie B1 [ein recht hohes Sprachenniveau, d. Verf.] haben – das geht bei den meisten nicht – deswegen glaube ich, dass Fachpersonal immer notwendig sein wird (männlich, 32 Jahre, D/Span).

Ohne Fachkräfte könnten wir kein inklusives Schulsystem aufbauen … S onder-pädagogen, Heilpädagogen etc. sind daher enorm wichtig (weiblich, 31 Jahre, Frz/Politik/DaF).

Immer wieder wird von den Befragten betont, dass von Seiten der Regelschul-lehrkräfte viel zu hohe Erwartungen an Kinder und Jugendliche mit Migrations-hintergrund gestellt würden; Überforderungen und Enttäuschungen seien vor-programmiert, weil nicht individuell auf die Schüler eingegangen wird. Die Befragten sind sich dennoch einig, dass Extraklassen bzw. spezielle Einrich-tungen für die Förderung und die Betreuung der Kinder und Jugendlichen nicht funktionieren.

Es wäre das Beste, wenn es keine Extraklassen mehr gäbe. Es müsste sich alles ändern. So wie das Gymnasium generell konzipiert ist, ist es aber schon schwer umzusetzen, da hier der Leistungsgedanke so dominierend ist. Auch wenn unsere Kinder echt fit sind – ich bin immer wieder erstaunt, wie sie zum Beispiel ganz anders an mathematische Aufgaben herangehen –, brauchen sie Unterstützung. Wir können ihnen diese geben, aber eine Akzeptanz durch die anderen Kinder ist nicht gegeben. Immer wieder fragen uns unsere Kinder, wann sie endlich die „große Schule" besuchen dürfen. Es ist schwer sie zu motivieren (männlich, 32 Jahre, D/Span).

In diesem Kontext wird von den Befragten kritisiert, dass Lehrkräfte an Gym-nasium häufig vergessen, dass sie nicht nur als Fachlehrer, sondern (auch) als Pädagogen ausgebildet wurden. Es müsse ein gewisses Umdenken erfolgen, denn die Lehrkräfte an den Schulen sind sicherlich Fachkräfte bzw. Fachlehrer, aber eben auch Erzieher, Berater und Mediatoren – kurz: Unterstützer ihrer Schüler:

Spezialisten sind wichtig, aber alle Lehrkräfte sollten sich zuerst als Pädagogen verstehen. Sie wurden als Pädagogen ausgebildet. Aber am Gymnasium wird das nicht immer so gesehen. Immer nur Leistung, Leistung, Leistung – das entspricht aber nicht der Gesellschaft. Zudem sind unsere Kinder auch ziemlich fit und haben ganz andere Gedankengänge, von denen andere Kinder hier profitieren könnten (weiblich, 42 Jahre, Span/D).

Häufig hat man den Eindruck, dass es Lehrern nur um die Vermittlung des Stoffs geht. Regelrecht zwanghaft hält man sich an Vorgaben, Rahmenlehrplänen etc. fest. Doch sind wir wirklich nur Fachlehrer? Doch eher Pädagogen (weiblich, 31 Jahre, Frz/Politik/DaF).

Ich bin immer wieder erstaunt, welche Vorurteile es gibt. Unsere Kinder hätten zu viele Probleme. Manche haben wirklich nur wenige Jahre die Schule besucht, manche können auch nicht einmal schreiben. Aber viele haben wirklich sehr viel Potenzial. Das wird von vielen Lehrkräften nicht gesehen … oder sie wollen es gar nicht sehen (weiblich, 46 Jahre, Engl/Frz).

6.4 Leistungsbewertung und -förderung im Kontext von Inklusion

Die Leistungsbewertung spielt eine zentrale Rolle bei Diskussionen um die Einführung bzw. Umsetzung von Inklusion. Viele Lehrkräfte sind ratlos, weil sie nicht wissen, wie Leistungsbewertung in einem inklusiven Schulsystem erfolgen soll. Vor allem in Gymnasien können Lehrkräfte nur schwer von Stoffvermittlung, Förderung der Besten und Selektion loslassen. Alle Lehrkräfte der Willkommensklassen sind jedoch überzeugt, dass dies ohne Probleme möglich ist. Es geht um die individuelle Betrachtung, demnach muss „lediglich" eine individuelle Leistungsbewertung erfolgen:

Der Schlüsselbegriff ist Binnendifferenzierung. Jedes Kind, das Probleme mitbringt, soll individuell und besonders gefördert werden. Das bedarf viel Mühe, viel Zeit, qualifiziertes Personal… das ist heute kaum machbar. Jedem Kind kann der Stoff vermittelt werden. Bei der Leistungsbewertung muss daher immer der Lernfortschritt des Einzelnen betrachtet werden und nicht irgendwelchen allgemeingültigen Vorgaben gefolgt werden (männlich, 32 Jahre, D/Span).

Eine Leistungsbewertung in der inklusiven Bildung ist auch mit dem Notensystem möglich. Man kann ganz normal nach Noten bewerten, das ist möglich – aber es ist wichtig, eine individuelle Betrachtung vorzunehmen. So kann dann die individuelle Entwicklung bzw. Weiterentwicklung von Wissensständen bewertet werden. Das macht natürlich sehr viel Arbeit (weiblich, 33 Jahre, Frz/Chemie).

In diesem Kontext wird auch betont, dass soziale Kompetenzen bei der Bewertung bisher nur selten eine Rolle spielen – das soziale Lernen, das die Schule eben auch ermöglicht, wird so nicht erfasst:

> Grundsätzlich ist es mein Ziel, soziale Kompetenzen zu fördern. Es geht nicht um Leistung. Auch andere Lehrer müssten hier einen Schwerpunkt setzen und di es mit berücksichtigen (weiblich, 42 Jahre, Span/D).

> Stoff, Stoff, Stoff – ich kann es nicht mehr hören. Als ob di e Schüler im Leben untergehen würden, wenn sie eine Lektion nicht vermittelt bekommen. Insbesondere der Fremdsprachenunterricht könnte von uns eren Kindern profitieren. Sie könnten so viel über das Lernen von Sprachen in akuten Situationen erzählen. Es ist beeindruckend, wie schnell unsere Kinder auf Deutsch kommunizieren können (weiblich, 31 J ahre, Frz/Politik/DaF).

Es wird gleichwohl erneut angemahnt, dass die bisherige Personalsituation nicht erlaubt, inklusiv zu arbeiten. Es müssten nach Meinung der Befragten mehr Lehrkräfte und Experten eingestellt werden, damit Inklusion wirklich gelingen kann. Auch wenn der Personalmangel ein wichtiger Punkt ist, wird erkannt, dass die Einstellung der Akteure zugleich enorm wichtig ist und sich verändern muss. Sowohl Schüler, Lehrkräfte, Eltern und auch Schulleitung müssten akzeptieren, dass die Bewertung nicht nur bezogen auf das Wissen erfolgen kann, sondern auch andere Kompetenzen und Eigenschaften bewertet werden sollten:

> Durch Inklusion kann man Eigenschaften, Kompetenzen wie soziale Kompetenzen fördern. Wir wollen nicht nur gute Ingenieure haben, wir wollen auch Bürger haben. Das ist das Ziel. Wenn man sieht, was es für Probleme bringt, einfach ein paar Schüler aus anderen Ländern in die Hofpause zu bringen, also wie die sogenannten leistungsstarken Schüler darauf reagieren... als wenn das Aussätzige wären. Dann merkt man, dass dort ein gewisses Defizit an Toleranz vorhanden ist. Das kann man leicht feststellen (männlich, 32 Jahre, D/Span).

Den Kindern und Jugendlichen der „Regelschule" wird durch die real praktizierte Exklusion der Deutschlerner vermittelt, dass diese nicht auf einer Ebene mit ihnen sind, möglicherweise bekommen sie sogar Angst vor „den Fremden". Alle befragten Lehrkräfte der Willkommensklassen bestätigen, dass viele Schüler und auch Lehrer der Schulen auf Fremdes distanziert bis offen abwertend reagieren. Problematisch ist hierbei vor allem, dass an Gymnasien durch den dort vorhandenen hohen Leistungsdruck andere Erwartungen an Schüler herrschen. Vor dem Hintergrund der politischen und rechtlichen Maßgaben im

Zusammenhang mit Inklusion ist diese rein kurzfristig leistungsfixierte Haltung erschreckend, da dies einer offenen und toleranten Gesellschaft nicht gerecht wird. Hier wird wiederum von den Lehrkräften der Willkommensklassen das Problem der Aussonderung angesprochen:

> Das Problem ist die Selektion. Die Hauptsache ist, dass man versucht, die leistungs-stärksten Schüler zusammenzubringen. Das ist problematisch. Das Gymnasium vereint die Besten. Und dann kommt das Schulamt, dass weiß, dass das Gymnasium elitär sein will, aber wir zwingen den Lehrkräften auf, dass sie eine Willkommensklasse beher-bergen soll. Ausgerechnet ein Gymnasium. Ich verstehe beide Seiten. Die einen wollen Selektion, die anderen wollen Integration. Das geht, aber nicht gut, wenn der Wille nicht vorhanden ist (männlich, 32 Jahre, D/Span).

Hier wird erneut deutlich, dass die Einstellung im gesamten Bildungs- und Schulsystem entscheidend ist, um Inklusion übergreifend umzusetzen. Die Ein-stellung bzw. der Wille muss vorhanden sein, Änderungen zuzulassen. Gleich-wohl meinen die Befragten, dass Gymnasien nicht abgeschafft werden sollten, jedoch müssten bestimmte Strukturen geändert werden.

> Gymnasien sollten nicht abgeschafft werden, denn nur so ist ja auch eine individuelle Förderung möglich; die Leistungsstärkeren können dann hier später gefördert werden. Sie sollten aber erst nach der 10. Klasse beginnen. Vorher können leistungsstärkere Schüler nicht nur anderen helfen, sondern sie können wirklich voneinander profitieren (weiblich, 33 Jahre, Frz/Chemie).

Im Kontext der Leistungsbewertung wird vor allem das selbst auferlegte Maß an Stoffvermittlung immer wieder kritisch gesehen. Die Regelschullehrkräfte können oder wollen auf ihre Vorgaben nicht verzichten und haben Probleme hier umzudenken:

> Die Lehrer versuchen manchmal, wenn sie überhaupt unsere Kinder in ihre Klassen mit aufnehmen, unsere Kinder mit einzubeziehen, aber sie können nicht auf den Stoff verzichten und das Tempo... angeblich können sie das nicht. Den Satz, den wir immer wieder hören: Ich habe 30 andere Schüler, ich muss meinen Stoff vermitteln und ich kann das Tempo nicht verlangsamen wegen eines Deutschlernklassenkinds (männlich, 32 Jahre, D/Span).

Basierend auf dieser Aussage bzw. den wiedergegebenen Aussagen einiger Regelschullehrkräfte, die stundenweise in Willkommensklassen unterrichtet haben, ist sehr deutlich festzustellen, dass auf individuelle Bedarfe und Bedürf-nisse im Regelunterricht bisher nicht eingegangen wird. Dabei soll bereits in der vermeintlich etablierten Binnendifferenzierung versucht werden, eine individuellere Förderung zu ermöglichen. Doch werden sicher noch nicht alle Kinder und Jugendlichen einer Lerngruppe mit ihren ganz speziellen Bedarfen beachtet. Die Vermittlung des Inhaltes, der Lernvorgaben, des Lernstoffs steht nach wie vor an oberster Stelle.

> Die Lehrer möchten immer nur ihren Stoff schaffen. Daher reden sie zu schnell. Es gibt keine zugeschnittene Stoffvermittlung. Das ist ein großes Problem. Es wird nicht differenziert (weiblich, 42 Jahre, Span/D).

> Wir müssen den Unterricht ganz offen und kooperativ gestalten, damit unsere Kinder in der Regelschule mitkommen können (weiblich, 46 Jahre, Engl/Frz).

Bezogen auf den Fremdsprachenunterricht, aber auch auf alle anderen Fächer, erklären die Lehrkräfte der Willkommensklassen, dass ein hoher Förderbedarf besteht, wenn man die Kinder und Jugendlichen mit Migrationshintergrund bzw. Fluchterfahrung wirklich einbeziehen möchte. Hierfür werde ähnlich wie bei Kindern mit diagnostiziertem Förderbedarf mehr Personal benötigt, da sie eine individuelle Unterstützung benötigen. Des Weiteren müsste eine Betreuung erfolgen, die sich nicht rein auf die Schule bezieht. So müsste für eine echte Inklusion der Kinder und Jugendlichen auch mit den Eltern gearbeitet werden. Aufgrund der jeweiligen spezifischen Herkunftssituation, der zum Teil traumatischen Fluchterfahrung und den jeweiligen kulturellen Prägungen muss den Eltern zum Teil intensiv erläutert werden, was ihre Kinder brauchen, um im deutschen Schulsystem wirklich ankommen zu können:

> Unsere Kinder dürfen sich nicht in der Schule ausgegrenzt fühlen, wenn sie die Regelklassen besuchen. Es muss gemeinsame Aktivitäten geben. Es ist auch wichtig, mit den Familien zu arbeiten. In den meisten Fällen haben die Eltern zu Beginn wenig Interesse an der Ausbildung ihrer Kinder, da sie erst einmal froh sind, überhaupt in Deutschland angekommen zu sein. Man muss mit den Eltern sehr schnell reden. Das sind die zwei Hauptpunkte: Die Schule muss darauf vorbereitet sein und die Eltern müssen ins Boot geholt werden (männlich, 32 Jahre, D/Span).

6.5 Inklusion im Fremdsprachenunterricht: Mehrsprachigkeit und Migration

Die befragten Lehrkräfte der „Willkommensklassen" sind sich einig, dass Inklusion auch im Fremdsprachenunterricht gut funktionieren kann. Die Kinder und Jugendlichen der Willkommensklassen können den Fremdsprachenunter-

richt bereichern, denn aufgrund der Flüchtlingssituation und der damit einhergehenden Migration und notwendigen Mehrsprachigkeit besitzen sie ein enor-
mes Potenzial an kulturellem Verständnis; vor allem im Bereich der Vermittlung
interkultureller Kompetenz wäre ein gemeinsames Lernen für alle von Vorteil.

> Was die interkulturelle Kompetenz angeht, sind Kinder mit Migrationshintergrund ein
> Schritt vor den anderen... (männlich, 32 Jahre, D/Span).

> Jedes Kind bringt spezielle Sitten, Werte etc. mit. Diese Interkulturalität wird aber nur
> selten an dem Gymnasium genutzt. Es geht aber um das soziale Miteinander (weiblich,
> 42, Span/D).

> Fiktiv erarbeitet man sich meistens irgendwelche Ansätze, um in einer bestimmten
> Unterrichtsreihe interkulturelle Kompetenzen zu schulen. Hier gibt es ganz praktisch
> gelebte Interkulturalität. Aber mit der Einrichtung der Willkommensklassen kommt es
> eher zu einer Exklusion. Man sieht überhaupt nicht Chancen und Möglichkeiten. Das
> wäre eine reale Arbeit, ein echtes Erleben von kultureller Vielfalt (weiblich, 31 Jahre,
> Frz/Politik/DaF).

Des Weiteren gibt es bei einigen Befragten durchaus schon konkrete Vorstellungen, wie ein inklusiver Fremdsprachenunterricht aussehen könnte:

> Der inklusive Fremdsprachenunterricht zeichnet sich durch die spezielle Förderung der
> unterschiedlichen Kompetenzen Hören, Schreiben, Lesen, Sprechen aus. Diese müssen
> speziell gefördert werden, je nach individuellem Bedarf. Man müsste alle Kompetenzen
> immer gleichzeitig fördern bzw. üben können, damit jeder nach seinem Bedarf üben
> kann. Zudem sollte eine Mischung aus Stationenarbeit, Partnerarbeit, Projektwoche etc.
> möglich sein. Inklusive Unterrichtsmethoden sind vor allem kooperative Methoden –
> wir müssen nicht unbedingt neue Methoden erfinden. Stationenlernen ist inklusiv – aber
> es funktioniert eigentlich nur unter der Voraussetzung, dass wir kleinere Klassen und
> mehr Personal haben. Stationenlernen mache ich schon heute. Aber mit 30 Kindern ist
> der Unterricht nicht inklusiv bzw. kann nicht inklusiv sein, da eine individuelle
> Betreuung nicht möglich ist. Auch die räumliche Gestaltung müsste geändert werden
> (weiblich, 33 Jahre, Französisch/Chemie).

Auch wenn Kinder und Jugendliche mit Migrationshintergrund sicherlich im
Deutschen oft auch Schwierigkeiten haben und die sprachliche Kompetenz noch
nicht immer sehr ausgeprägt ist, da sie zum Beispiel die jeweilige unterrichte
Fremdsprache noch nicht so lange gelernt haben, wissen sie, wie man kommunizieren kann. Im Sinne der Kommunikation haben sie aufgrund ihrer Erfahrungen
bestimmte Strategien entwickelt, von denen auch die Kinder und Jugendlichen
der „Regelschule" einiges lernen könnten. Auch hier könnten ihre konkreten

Erfahrungen im Fremdsprachenunterricht von den Lehrkräften genutzt werden, wie die Lehrkräfte der Willkommensklassen zum Beispiel angeben:

Die Kinder haben Probleme bei der metasprachlichen Reflexion. Sie haben ihre Grenzen, aber sie haben auch – da sie in verschiedenen Ländern gelebt haben – ein besonderes Gefühl, mit wenig viel zu verstehen. Sie haben überlebt und wissen, wie man schnell in einer Fremdsprache kommunizieren muss (männlich, 32 Jahre, D/Span).

Kinder mit Migrationshintergrund sind für den Fremdsprachenunterricht enorm wichtig. Wenn verschiedene Sprachen aufeinandertreffen, ist lebendiges Material vorhanden. Man kommt durch Vergleiche gut voran und kann seine sprachlichen Kompetenzen verbessern (weiblich, 42, Span/D).

Durch das Integrieren der Flüchtlingskinder im Fremdsprachenunterricht kann man die interkulturelle Kompetenz hierdurch ausbauen und schulen, aber das ist nur für einzelne Phasen möglich. Die sprachlichen Kompetenzen können jedoch so gefördert werden, allein vor dem Hintergrund, dass die anderen Schüler sehen, dass da ein Kind ist, das mehrere Sprachen spricht. Das ist motivierend. Ein Vergleich bzw. eine Gegenüberstellung verschiedener Sprachen im Kontext von zum Beispiel Grammatikarbeit im Französischen ist jedoch kaum möglich (weiblich, 33 Jahre, Frz/Chemie).

6.6 Ausbildungs- /Weiterbildungssituation

Alle Lehrkräfte der Willkommensklassen bemängeln die fehlende Ausbildung für die Arbeit im Umgang mit Inklusion; für aktive Lehrkräfte fehlen zudem spezifische Weiterbildungsangebote. Kein einziger der Befragten empfindet seine eigene Ausbildung als ausreichend, um den Kindern wirklich gerecht zu werden bzw. um inklusiv arbeiten zu können. Ganz praktisch fehlt es am Wissen, wie ein inklusiver Unterrichtsansatz oder inklusive Unterrichtsmaterialien aussehen. Fort- und Weiterbildungen seien daher für die Umsetzung von Inklusion zwingend notwendig:

Nein, speziell ausgebildet wurde ich nicht. Deswegen finde ich es ganz gut, dass ich eine Fortbildung speziell für Deutschlernklassen mache. Der Senat hat eingesehen, dass wir eine besondere Aufgabe haben... viele Lehrer haben dafür gekämpft, anfangs hat sich der Senat geweigert... die Fortbildung ist bisher gut gelaufen. Man lernt allerlei. Pädagogische Aspekte, Materialen, man kann sich austauschen... wir können eine Fortbildung zur Alphabetisierung machen. Das ist nicht so einfach zu vermitteln (männlich, 32 Jahre, D/Span).

Der Senat, aber auch der Bezirk, müssen Möglichkeiten schaffen, damit sich alle weiterbilden können. Aber das wollen sie doch gar nicht. Die einen sagen, der Senat sei schuld, die anderen der Bezirk. (weiblich, 31 Jahre, Frz/Politik/DaF).

Viele Lehrkräfte sind überfordert; immer mehr, mehr und mehr. Die Arbeitssituation des Lehrers hat sich geändert. Einerseits brauchen wir Weiterbildungen, andererseits schaffen wir es nicht, diese noch zu besuchen oder diese zu bewältigen (weiblich, 46 Jahre, Engl/Frz).

Auch die Lehrkräfte benötigen spezifische und je nach Bedarf individuelle Unterstützung und demnach ein breites Weiterbildungsangebot, das neben der konkreten pädagogischen Arbeit weitere Bereiche abdeckt:

Ich bin zu nah dran. Ich kann mich nur schwer distanzieren. Hier bräuchte ich Unterstützung (weiblich, 42 Jahre, Span/D).

Die Lehrkräfte der Willkommensklassen erläutern zugleich, dass die erwähnte Fortbildung jedoch leider nur für sie bestimmt sei. Die Lehrkräfte der Regelklassen an den Gymnasien erhalten diese nicht.

Dies ist aber nur für Deutschlernklassen gedacht, die Schule hat es erlaubt, das ist überhaupt schon mal gut. Es reicht aber nicht aus, dass nur die Lehrkräfte der Willkommensklassen diese Fortbildungen machen. Die anderen Lehrer bekommen diese Ausbildung nicht. Das ist schade, da man hierdurch einiges bewirken könnte (männlich, 32 Jahre, D/Span).

In der Ausbildung wurde ich auf Inklusion nicht vorbereitet. Ich wusste nach Ausbildungsabschluss noch nicht einmal, was Inklusion ist. Das wurde an der Uni, aber auch eigentlich in den Fachseminaren, nicht behandelt. Wenn überhaupt, dann ein wenig in den Fachseminaren (weiblich, 33 Jahre, Frz/Chemie).

Es wäre wichtig, das Studium praktischer auszulegen. Es geht um eine praktische Vorbereitung auf die Schule, ohne in der Schule sein zu müssen, aber man muss praxisorientiert arbeiten. Es muss zum Beispiel behandelt werden, wie ich ganz konkret inklusive Unterrichtsmaterialien entwickle (männlich, 39 Jahre, Ge/D/Span).

Wie bei diesen Äußerungen erkennbar wird, müsste auf Ebene der Politik und Verwaltung die Einsicht reifen, dass Weiter- und Fortbildungen für alle Lehrkräfte notwendig sind, damit Inklusion gelingen kann – hier sollten finanzielle Gründe, also die Kosten dieses Angebotes, nicht im Vordergrund stehen. Wie oben erwähnt, kostet eine mangelhafte Ausbildung den Staat langfristig mehr. Es muss darum auch endlich anerkannt werden, dass mehr Personal für ein erfolgreiches Gelingen der Inklusion im Bildungs- und Schulsystem notwendig wäre – auch hier darf der Grund fehlender finanzieller Ressourcen nicht maßgebend sein. Es wird von den Befragten immer wieder betont, dass die Kinder und Jugendlichen mit Migrationshintergrund und mit einer Flüchtlingsproblematik besondere Bedarfe haben und dafür mehr Personal notwendig sei,

um etwa mit den Kindern und Jugendlichen Vorbereitungen und Nachbe-
reitungen vornehmen zu können, aber auch damit sie mit allen anderen Kindern
und Jugendlichen zusammen lernen können:

> Jeden Tag erleben wir den Frust von Kindern, die Deutsch lernen wollen, die Kontakt
> zu den deutschen Kindern haben wollen, aber die noch lange nicht die Kompetenz
> haben, sich in der Regelklasse durchzuboxen. Da kommt eine große Frustration auf. Sie
> bräuchten jemanden, der mit ihnen die Stunden vorbereitet und a uch nachbereitet.
> Dagegen steckt man sie lieber in Extraklassen; hier bekommen sie aber keinen Kontakt
> zu deutschen Kindern, der aber notwendig wäre, damit sie das Deutsche auch anwenden
> können (männlich, 32 Jahre, D/Span).

6.7 Umsetzbarkeit von Inklusion

Inklusion kann gelingen – da sind sich alle befragten Lehrkräfte der Willkommensklassen in Berlin einig, jedoch müsste sich vieles ändern. Aktuell sei
man weit davon entfernt, da die Akteure noch nicht bereit dafür seien, selbst
Änderungen in den Einstellungen und Strukturen vorzunehmen und Veränderungen im System zu akzeptieren sowie finanzielle Ressourcen für eine erfolgreiche Umsetzung bereitzustellen.

> Das wird noch ewig dauern. Alle Lehrkräfte, alle Schulleiter müssten komplett um-
> denken. Wir können nur auf den Nachwuchs hoffen. Aber hier besteht die Gefahr, dass
> er von den alteingesessenen Lehrern schon negativ beeinflusst wird (weiblich, 31 Jahre,
> Frz/Politik/DaF).

> In der Schule muss besser untereinander kommuniziert werden. Ich weiß gar nicht, was
> der Schulleiter macht, damit unsere Schule inklusiv wird. Ich habe nicht das Gefühl,
> dass der Schulleiter da was macht und da ss er das überhaupt will (weiblich, 33 Jahre,
> Frz/Chemie).

> Nicht in dem Sinne, dass es nicht machbar ist, aber schon in dem Sinne, dass es heute
> nur ein Referenzgedanke ist, eine Idee, die man anstrebt. Die Idee ist umsetzbar, aber
> die meisten Beteiligten sind davon noch nicht überzeugt, dass diese Idee umsetzbar ist.
> In 30 Jahren hat sich hoffentlich vieles geändert. Dafür arbeiten wir (männlich, 32
> Jahre, D/Span).

Inklusion wird in den meisten Schulen aktuell noch als Utopie gesehen, da die
Voraussetzungen nicht gegeben seien, damit Inklusion gelingen kann. Vor allem
wird angeführt, dass die Akteure ihre Einstellungen verändern müssen:

> Nach jetzigem Stand ist Inklusion Utopie. Eine inklusive Bildung ist erst dann
> umsetzbar, wenn das Bildungssystem sich öffnet. In allen Bereichen: der Lehrer, die

Bildungspolitiker, die Schulleitung – vieles hat mit Einstellung zu tun. Aber auch die räumliche und pe rsonelle Situation muss verbessert werden (weiblich, 33 J ahre, Frz/Chemie).

Es wird des Weiteren eindeutig formuliert, dass die „Willkommensklassen" vom Ansatz her nichts mit Inklusion zu tun haben, da sie recht deutlich eine Exklusion bedeuten – im internationalen Vergleich und im völkerrechtlichen Rahmen müssten hier schnellstmöglich Änderungen vorgenommen werden:

> Die so genannten Willkommensklassen oder Integrationsklassen widersprechen dem Inklusionsgedanken völlig durch die Separation – es ist zwar wichtig, dass sie Deutsch lernen, aber das müssen sie im normalen Alltag machen. Sie werden jetzt separiert und kommen nicht in die „normalen" Klassen. Wie sollen die Kinder da Deutsch lernen? Die Flüchtlingskinder können durch diese Trennung nicht integriert werden. Das deutsche Schulsystem war auf die Flüchtlingsproblematik nicht vorbereitet. Auch die Lehrer der Willkommensklassen sind darauf nicht vorbereitet und haben eine schlechte Ausbildung (weiblich, 33 Jahre, Frz/Chemie).

In diesem Kontext wird auch deutlich, dass die Befragten fest daran glauben, dass man mit einem inklusiven System auf die Herausforderungen von Kindern und Jugendlichen mit Flüchtlingshintergrund vorbereitet gewesen wäre:

> Wenn Inklusion schon gelebt werden würde, gäbe es kein Problem Kinder mit einem Flüchtlingshintergrund aufzufangen. Inklusion ist keine Utopie. Sie kann gelebt werden, man muss es nur wollen (weiblich, 42 Jahre, Span/D).

Des Weiteren wird aber auch in konkreten Einzelfällen berichtet, dass sich schon etwas an der Situation geändert hat. Positive Entwicklungen sind dementsprechend durchaus zu verzeichnen:

> Im letzten Jahr war die Willkommensklasse noch unerwünscht. In diesem Jahr sieht das schon anders aus. Die Schulleitung und die Lehrer gewöhnen sich so langsam daran. Das macht einiges einfacher (weiblich, 42 Jahre, Span/D).

7. Integration oder Inklusion – Zukünftige Fremdsprachenlehrkräfte und ihre Ausbildungssituation

Im Rahmen dieser empirischen Erhebung wurden 30 in Ausbildung an den Universitäten Mainz bzw. Münster befindliche zukünftige Fremdsprachenlehrkräfte der Fächer Französisch, Spanisch und/oder Italienisch befragt. Die Hälfte der Gruppe hat unmittelbar vor der Befragung einen Kurs zu den Themen Inklusion und Fremdsprachendidaktik besucht, die andere Hälfte der Gruppe hat im Studium keine Erfahrungen mit dem Thema Inklusion gesammelt. In diesem Kapitel werden die Ergebnisse präsentiert.

7.1 Unterscheidung Integration/Inklusion

Wie bereits mehrfach festgestellt, werden die Begriffe Integration und Inklusion auch von Fachpersonal nicht immer korrekt verwendet. Hier wird die Auffassung vertreten, dass die Unterschiede aber an geeigneter Stelle – in Aus- und Fortbildungen für Lehrkräfte – korrekt vermittelt werden müssen, damit Inklusion umgesetzt werden kann, denn ohne eine gemeinsame Basis ist dies kaum möglich.

Zukünftige Fremdsprachenlehrkräfte, die erste Kenntnisse im Bereich der Inklusionspädagogik erworben haben, können die Unterscheidung zwischen Integration und Inklusion ohne Probleme vornehmen:

> Bei Inklusion erhält jedes Kind gleiche und gerechte Bildung, es wird individuell gefördert und gefordert in einer Gemeinschaft, in der es kein „anders" gibt. Integration heißt, dass Kinder mit Lernschwächen, Beeinträchtigungen oder Behinderungen zwar integriert werden, aber trotzdem besonders behandelt und beschult werden. Das wäre dann keine vereinte Gemeinschaft (weiblich, 18-22 Jahre, Span/Frz/Eng).

> Bei der Integration versucht man den Schüler dem Umfeld anzupassen, z.B. ein Schüler kann kein Deutsch, also bekommt er Extradeutschunterricht, damit er am „normalen" Unterricht teilnehmen kann. Bei der Inklusion werden das Umfeld und der Unterricht dem Schüler angepasst (weiblich, 18-22 Jahre, Span/D).

Das Verständnis für Inklusion ist bei dieser Gruppe gut. In diesem Kontext wird indirekt auch die rechtliche und politische Dimension angesprochen. An einer Stelle spricht ein Befragter sogar explizit die Menschenrechte an: Jeder solle die gleichen Rechte erhalten und auch wahrnehmen dürfen. Den Lehramtsstudierenden ist das Missverhältnis zwischen der „normalen" Gemeinschaft und den Minderheiten durchaus bewusst. Sie wissen, dass eine individuelle Förderung von Nöten ist:

> Während Integration Unterschiede zum Menschen macht und M inderheiten anpassungsfähig machen möchte, betrachtet man aus der inklusiven Perspektive den Menschen als gleichwertig und in sich einzigartig – also jeder ist gleich, die Menschenrechte werden akzeptiert –, weswegen jeder eine Art von Förderung braucht, um sich in seinem Talenten und F ähigkeiten zu entfalten. Vor allem gilt aber bei der Inklusion: Jeder hat dieselben Rechte (weiblich, 18-22 Jahre, Span/Geo).

Des Weiteren wird auch die Individualität jedes Einzelnen immer wieder betont. Die Akzeptanz der Besonderheiten, Eigenheiten, auch Einmaligkeiten, sei besonders wichtig, wenn man einen inklusiven Ansatz verfolgt. Inklusion wird auch nicht nur mit Behinderung verbunden, wenn die zukünftigen Lehrkräfte hierzu geschult werden:

> Inklusion meint die Anerkennung jeden Schülers als „besonders". Nicht nur Kinder mit Behinderungen müssen speziell behandelt werden, sondern alle Schüler mit besonderen Stärken oder Schwächen. Alle werden gemeinsam unterrichtet. Integration bedeutet, dass eine Teilgruppe mit beeinträchtigten Schülern in einer „Regelklasse" integriert wird, allerdings durch Integrationshelfer unterstützt wird (weiblich, 23-28 Jahre, Span/Musik).

Bei Integration wird verstanden, dass es bei der Eingliederung eines Kindes mit besonderen Bedarfen darum geht, das Kind der homogenen Masse anzupassen. Dazu erfolgt ein Ausgleich, damit es eine Regelklasse besuchen kann. Es wird erkannt, dass Inklusion in diesem Bereich wesentlich weiter geht.

Lehramtsstudierende jedoch, die noch keine spezifischen Kenntnisse im Studium erworben haben bzw. noch kein spezielles Seminar zur Inklusion besucht haben, verbinden diese fast immer mit Behinderung bzw. mit der Behindertenrechtskonvention. Sie meinen, es gehe nicht um die Beachtung der Individualität jedes Einzelnen im Schulsystem, sondern um die Berücksichtigung der Schüler mit Behinderungen:

> Inklusion bedeutet „Einbeziehen". Damit ist gemeint, dass auch Schüler mit Behinderungen in einer Klasse miteinbezogen werden und die speziellen Bedürfnisse dieser Schüler beachtet werden. Integration sieht die Integration dieser Schüler im Schulalltag vor (weiblich, 23-28 Jahre, Span/D).

Inklusion ist die Einbeziehung körperlich/geistig beeinträchtigter Schüler in eine heterogene Lerngruppe. Integration ist die Aufnahme einer Person in eine Gruppe (Assimilation des Einzelnen) (männlich, 18-22 Jahre, Span/Eng).

Es ist erneut auffällig, dass Integration als Konzept immer wieder mit anderen Kulturen in Verbindung gebracht wird:

Inklusion ist das Zusammenleben und -lernen von Menschen mit und ohne Behinderung. Integration ist Menschen mit anderen kulturellen und s prachlichen Hintergründen werden in das Leben des Landes eingebunden und werden aktiver Teil hiervon (weiblich, 23-28 Jahre, Span/D).

Inklusion bezieht sich auf Schüler mit körperlicher oder geistiger Behinderung/Beeinträchtigung, die trotzdem am Schulalltag teilnehmen. Integration ist allgemeiner als Aufnahme in die Gesellschaft von s ozial Benachteiligten oder Menschen mit Migrationshintergrund zu verstehen (männlich, 23-28 Jahre, Span/Frz).

Integration ist das Einbeziehen von P ersonen mit verschiedenen Migrationsgründen in den Unterricht mit dem Ziel, Bildung zu erhalten. Für beide gilt, dass verschiedene Maßnahmen getroffen werden müssen (weiblich, 18-22 Jahre, Span/Frz).

Genderspezifische Bedarfe, spezifische Bedürfnisse bei Lernstrategien, Förderung von speziellen thematischen Wünschen usw. werden durchweg in dieser Gruppe der befragten Studierenden nicht thematisiert. Wenn keine Ausbildung/Weiterbildung erfolgt, ist also zusammenfassend auffällig, dass mit wenigen Ausnahmen Inklusion immer mit Behinderung und Integration stets mit Migration verbunden wird.

Daraus lässt sich schlussfolgern, dass im Ausbildungssystem von zukünftigen Lehrkräften an deutschen Universitäten dringend Veränderungen vorgenommen werden müssen. Damit Inklusion in der Schule umgesetzt werden kann sollten flächendeckend und möglicherweise fächerübergreifend Pflichtseminare zur inklusiven Bildung bzw. zum Konzept einer inklusiven Schule eingeführt und besucht werden. Mehr denn je ist es notwendig, dass zukünftige Lehrkräfte hierauf vorbereitet werden, da sie das Schulsystem bzw. die zukünftige Schulentwicklung mitbestimmen.

7.2 Individualität versus Homogenität

Von den Lehramtsstudierenden mit Kenntnissen in der Inklusionspädagogik wird erkannt, dass eine spezielle Förderung aller, das heißt jeden einzelnen

Lerners notwendig ist. Individualität müsse statt Homogenität der Lerngruppe für das pädagogische Handeln leitend sein, denn jedes Kind sei besonders:

Alle Schüler gleichermaßen. Die Neuheit ist lediglich, dass alle Schülertypen aufeinander treffen, sei es ein Schüler mit geistiger oder körperlicher Behinderung, mit Hochbegabung oder mit Migrationshintergrund. Es wird auf alle Schüler gleichermaßen eingegangen (weiblich, 18-22 Jahre, Span/D).

Jeder braucht eine spezielle für sich persönlich eingestellte Förderung, denn jeder hat andere Merkmale (weiblich, 18-22 Jahre, Span /Geo).

Die Vielfalt der Individualitäten wird somit sehr treffend von den Befragten thematisiert. Dagegen betonen Lehramtsstudierende ohne im Studium erworbene Kenntnisse zu Inklusion vor allem die Ebene der körperlichen/geistigen Beeinträchtigungen. Andere Bedarfe werden meist nicht angesprochen.

Es geht um beidseitige Förderung zum Einen von Seiten des Schülers mit Behinderung, der sich immer mehr den Herausforderungen stellt. Zum Anderen geht es um den „normalen" Schüler, der lernt mit E mpathie mit d en benachteiligten Schülern umzugehen und ihnen eine Hilfe zu sein (weiblich, 23-28 Jahre, Span).

Auch bei der quantitativen Analyse der Befragung sind diese Tendenzen klar festzustellen. Auf die Frage, ob alle Kinder und Jugendlichen mit verschiedenen Benachteiligungen in einer Klasse unterrichtet werden können (Frage 3), sind es vor allem die Lehramtsstudierenden, die sich mit der Thematik Inklusion bereits auseinandergesetzt haben, die sich dies gut vorstellen können und demnach die Frage mehrheitlich bejahen. Hier stimmen fast alle dieser Frage zu. Werden zukünftige Lehrkräfte also speziell zu Inklusion ausgebildet, ist es auch möglich, Ängste zu reduzieren, Vorbehalte abzubauen und Vorstellungen, wie Inklusion umgesetzt werden kann, praktisch auszubauen. Die Ausbildungssituation ist entsprechend besonders wichtig für die Umsetzung von Inklusion, wie die Ergebnisse der Lehramtsstudierenden ohne Kenntnisse zeigen: Noch nicht einmal ein Drittel bejahen die Frage 3:

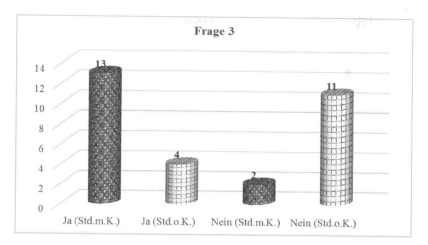

Wenn Studierende mit Vorkenntnissen die Frage verneinen, dann vor allem, weil sie eine spezifische und getrennte Förderung vorziehen. Es werden zudem konkrete Gruppen benannt, die speziell und getrennt gefordert und gefördert werden sollten; das hänge von der „Benachteiligung" ab:

> Für einige wenige, wie Kinder mit akustischer oder visueller Behinderung, als Bsp., ist es wichtig, sie zumindest zum Teil getrennt zu fördern (männlich, 23-28 Jahre, Sp).

Zudem geben die Studierenden ohne Kenntnisse der Inklusion unterschiedliche Gründe an, warum eine gemeinsame Beschulung nicht bzw. nur bedingt möglich sei. Besonders problematisch erscheint dabei, dass die zukünftigen Lehrkräfte sich überhaupt nicht vorstellen können, wie eine individuelle Förderung in einer „Regelklasse" aussehen kann. Auf die Frage hin, ob alle Kinder und Jugendlichen in einer Klasse zusammenlernen können, wird beispielsweise angeführt:

> Jeder Schüler hat individuelle Bedürfnisse, dem die Lehrperson so gut es geht nachgehen können sollte. Viele verschiedene Benachteiligungen führen dazu, dass der Unterricht zu individuell gestaltet werden müsste, was die Lehrperson in der Praxis aber einfach nicht leisten kann (weiblich, 18-22 Jahre, Span/Frz).

> Da manche kognitiv nicht so schnell verarbeiten können wie andere (weiblich, 18-22 Jahre, Span/D).

Wie zu erkennen ist, werden Probleme von den Studierenden direkt thematisiert; Chancen und neue Möglichkeiten werden dagegen fast nie angeführt. Immer wieder werden fehlenden Ressourcen angeführt. Es wird erwähnt, dass zu wenig Personal in den Schulen vorhanden sei, die unterschiedlichen Bedürfnisse jedoch zu vielfältig seien, als dass die Lehrkräfte im aktuellen Schulsystem darauf eingehen könnten und dass die Betreuung für benachteiligte Schüler an Sonderschulen einfach besser sei, da hier mehr Personal und vor allem mehr ausgebildete Fachkräfte zur Verfügung stünden. Personal und Ausstattung werden als Kriterien, die zur Umsetzung fehlen, immer wieder betont:

> Zumindest zur Zeit nicht. Es fehlt an der richtigen Ausstattung und zudem werden nicht genügend Lehrer und Inklusionshelfer eingesetzt (weiblich, 18-22 Jahre, Frz/D).

> Ich denke, dass es bis jetzt schwierig ist durch mangelnde Ressourcen u. fehlende Ausbildung der Lehrkräfte. Grundsätzlich ist es möglich (weiblich, 23-28, Sp/D).

In der quantitativen Gegenüberstellung fällt auf, dass sich fast zwei Drittel der Lehramtsstudierenden mit Kenntnissen eine Umsetzbarkeit von Individualisierung und Differenzierung beim Lernen im heutigen Bildungssystem (Frage 4) vorstellen können; auch hier wird also wieder deutlich, dass die Ausbildung sehr wichtig für das Aufzeigen praktischer Perspektiven ist. Studierende ohne Kenntnisse können sich dies zwar mehrheitlich nicht vorstellen, doch sind es – zumindest – annähernd 50 Prozent, die dem zustimmen und somit offenbar auch Ideen und Vorstellungen für die Umsetzung inklusiven Unterrichts haben:

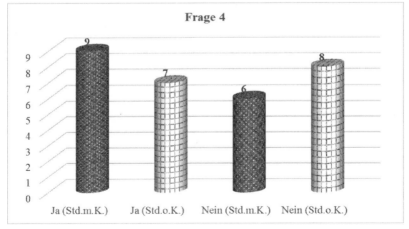

Studierende mit Kenntnissen sind vom Konzept Inklusion mehrheitlich überzeugt. Meist führen sie direkt konkrete Ideen und Möglichkeiten an, wie eine
Berücksichtigung individueller Bedarfe und Bedürfnisse im Regelschulsystem
denkbar ist.

> Im Sinne der Binnendifferenzierung zum Beispiel ist eine Individualisierung und
> Differenzierung möglich. Ein Bsp. wäre der Lektürekoffer im Literaturunterricht
> (männlich, 23-28 Jahre, Span).

> Menschen sollten umdenken und materielle Bedingungen sollen geschafft werden, aber
> es ist möglich (weiblich, 18-22 Jahre, Span/Geo).

Dennoch werden auch bei Studierenden mit Kenntnissen über Inklusion verschiedene Probleme wie Leistungsbewertung, Personalmangel und Ausbildungssituation thematisiert, die dieser Individualisierung im heutigen Bildungs- und
Schulsystem im Wege stünden. Auch die aktuellen Lehrkräfte im Schulsystem
müssten dringend weitergebildet werden, damit Inklusion umgesetzt werden
könne, so die Meinung vieler Befragter:

> Bildungssystem ist auf schnellst möglichste Leistung fokussiert. Es geht nur um
> Ziffernoten (weiblich, 18-22 Jahre, Span/Eng).

> Aber wahrscheinlich nicht unter idealen Bedingungen, aufgrund von L ehrermangel,
> Umfeld, etc. (weiblich, 18-22 Jahre, Span/D).

> Zu wenig Informationen über Inklusion. Personal wird nicht geschult. Fokus muss mehr
> auf Inklusion gelegt werden (weiblich, 23-28 Jahre, Span/Frz/Eng).

Die fehlenden Informationen über Inklusion und deren Umsetzung im Schulsystem werden immer wieder angeführt. Auch die Studierenden ohne Kenntnisse geben mehrheitlich an, dass das System an sich geändert werden müsste
bzw. viele Veränderungen vorgenommen werden müssten, damit es möglich
wird, inklusiv zu arbeiten. In diesem Kontext wird auch ganz konkret die
Klassengröße als Problem benannt. Hierdurch sei es nicht möglich, auf die
individuellen Bedürfnisse der Schüler einzugehen:

> Die Klassen sind zu groß (also die Anzahl der Schüler ist zu hoch) als dass der Lehrer
> individuell auf jeden Schüler eingehen kann. Dazu müsste das ganze Bildungssystem
> von Grund auf verändert werden (weiblich, 18-22 Jahre, Span/Frz).

Auch die Gliedrigkeit bzw. die Struktur des Schulsystems wird hierbei thematisiert. Laut vielen der befragten Studierenden erscheint eine Differenzierung

und Individualisierung eher möglich, wenn es nur eine Schule gäbe, da dann die Heterogenität normal wäre; derzeit wäre der Ansatz der Homogenität durch Selektion immer wieder allzu präsent:

> Differenzierung wäre einfacher, wenn es nur eine Schule gäbe. Dann wären die Klassen heterogener und gegenseitige Unterstützung leichter zu realisieren (weiblich, 23-28 Jahre, Span/D).

7.3 Akteure und ihr Wandel

Von den Befragten wurde immer wieder – bei fast allen Fragen zu diesem Komplex wie auch bei anderen Komplexen – angegeben, dass sich die Denkweisen aller Akteure im Schul- und Bildungssystem ändern müssten. Sehr deutlich wurde angemerkt, dass vor allem die Lehrkräfte ihre Einstellung ändern müssten und der Leistungsgedanke nicht so stark im Vordergrund stehen sollte. Wiederholt wird kritisiert, dass die Lehrkräfte keine Bereitschaft zeigen würden, sich auf Inklusion einzulassen.

Des Weiteren wurde von den Befragten mehrheitlich festgestellt, dass eine verstärkte Zusammenarbeit erfolgen müsse: Lehrer, Eltern, Schüler, Schulleiter müssten kooperativ miteinander umgehen und auch gemeinsam an der Umsetzung von Inklusion arbeiten wollen. Teamteaching und Teamworking seien Schlüsselbegriffe für eine erfolgreiche Umsetzung von Inklusion. Die Lehrkräfte dürften damit nicht allein gelassen werden: Auch wenn viele Befragten daran zweifeln, ob die aktuellen Lehrkräfte den Willen zur Umsetzung haben, sehen sowohl Studierende mit Kenntnissen als auch ohne es auch als problematisch an, dass die Lehrkräfte mit der Thematik Inklusion so allein gelassen werden und nur wenig Unterstützung erfahren. Sie würden faktisch allein für die Umsetzung von Inklusion verantwortlich gemacht; daher können die Probanden die häufig kritische Haltung der Lehrkräfte im aktuellen Schulsystem bis zu einem gewissen Grad nachvollziehen.

Auch wurde thematisiert, dass sich die Akteure in der Weise wandeln bzw. ändern müssten, dass „neue" Experten an die Regelschulen kommen. Diese müssten von den Lehrkräften aber auch als solche akzeptiert und konsultiert werden. Sozialarbeiter oder Sonderpädagogen, ohne die es nicht möglich ist, im Schulsystem inklusiv zu arbeiten, würden dringend benötigt. Hierfür müssten grundsätzlich neue Personalstrukturen geschaffen werden. Die Bedeutung dieser

Experten dürfe nicht außer Acht gelassen werden. Häufig werden sie derzeit als nicht wirklich dem Schulsystem zugehörig gesehen bzw. nicht in die Abläufe einer Regelschule einbezogen, wie die Befragten hier anmerkten.

Im Vergleich der Lehramtsstudierenden mit erworbenen Kenntnissen und jenen ohne Kenntnisse zu Inklusion fällt auf, dass ausschließlich die Lehramtsstudierenden mit Kenntnissen anführen, dass auch die Schulverwaltungen, Ministerien und die KMK einiges dazu beitragen müssten, dass Veränderungen erfolgen können. Dass die institutionelle Ebene ebenfalls Verantwortung übernehmen müsse, ist den informierteren Befragten bewusst. Diese Akteursebene wird von den Studierenden ohne Kenntnisse nicht benannt. Auch wird die Ebene der Universitäten lediglich von Probanden mit Kenntnissen im Bereich der Inklusionspädagogik benannt. Insbesondere nach der Durchführung eines Seminars zur Inklusionspädagogik im Rahmen der Spanischdidaktik wird erläutert, dass auch die Universitäten einen Beitrag zur Umsetzung von Inklusion in der Weise leisten können, dass die zukünftigen Lehrkräfte explizit darin ausgebildet werden müssten, wie praktisch inklusiv gearbeitet werden kann. Im Studium werde dieser Thematik nur wenig Beachtung geschenkt. Bei allen Studierenden wird deutlich, dass enorme Zweifel bestehen, ob die genannten Akteure wirklich zusammenarbeiten könnten und, vor allem, ob sie die Bereitschaft zeigen werden.

7.4 Inklusion im Fremdsprachenunterricht

7.4.1 Umsetzung von Inklusion heute

Auf die Frage „Wird Inklusion im heutigen Fremdsprachenunterricht übergreifend und flächendeckend umgesetzt?" (Frage 6) sind sich beide befragten Gruppen einig. Fast alle verneinen die Frage und geben an, dass Inklusion heute noch keine Realität im Fremdsprachenunterricht sei. Jeweils nur ein einziger ist der Meinung, dass ein inklusives Handeln im Fremdsprachenunterricht erkennbar ist.

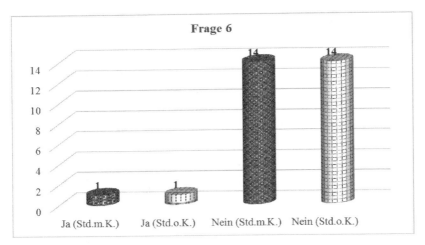

Frage 6

Ja (Std.m.K.)   Ja (Std.o.K.)   Nein (Std.m.K.)   Nein (Std.o.K.)

Auch auf die Frage „Können Sie sich konkret und anwendungsbezogen vorstellen, wie Inklusion im Fremdsprachenunterricht umgesetzt werden kann?"
(Frage 19) sind sich die beiden befragten Gruppen im Prinzip einig: Die Lehramtsstudierenden können sich mehrheitlich nicht vorstellen, wie inklusiver
Fremdsprachenunterricht aussehen kann.

Bei der Gegenüberstellung der Antworten fällt lediglich auf, dass Studierende
mit Kenntnissen eher Ideen haben als Studierende ohne Kenntnisse. Immerhin
ein Drittel dieser Studierenden kann sich vorstellen, wie inklusiver Fremdsprachenunterricht in der Praxis funktionieren kann.

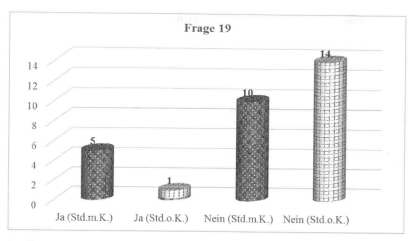

In diesem Kontext wird von den Studierenden mit Vorkenntnissen, die diese Frage bejaht haben, angegeben, dass vor allem ein individueller Zugang der Lernenden zur Thematik beziehungsweise zum Lernstoff ermöglicht werden müsse. Die Beachtung der Individualität der Lernenden wird als immens wichtiger Aspekt thematisiert. Die konkret zu unterrichtenden Schüler müssten bei Themenwahl, Lernschwerpunkten, Lerntempo usw. in die Unterrichtskonzeption einbezogen werden, damit konkret auf ihre Bedürfnisse eingegangen werden kann. Auch geben die künftigen Lehrkräfte an, dass sie insgesamt bei der Methodenwahl mehr Freiheiten erhalten müssten. Wie von den Studierenden angegeben wurde, könnten in einem offenen Fremdsprachenunterricht beispielsweise verschiedene Wortschatzstrategien bzw. die Vermittlung verschiedener Strategien verfolgt werden, damit jeder Lerner den für ihn besten Zugang zum Lernstoff erhält. Auch könnte etwa anhand eines gemeinsam festgelegten Monatsprogramms für die Schüler ein freier Unterricht ermöglicht werden, in dem jeder sein individuelles Tempo bei den verschiedenen Aufgabenblöcken festlegt. Wie bereits im zweiten Teil der Arbeit angedeutet, sind Projektarbeit und Lerntagebücher hier Möglichkeiten, auf dieses Bedürfnis einzugehen.

Des Weiteren erkennen einige der befragten Studierenden auch, dass auch die Kooperation zwischen den Schülern stärker genutzt werden sollte:

Sprachlich begabte SuS können Lernschwächeren helfen (weiblich, 23-28 Jahre,
Span/Musik).

Auch Studierende ohne im Studium erworbene Kenntnisse im Bereich der
Inklusion führen immer wieder an, dass individuelle Bedürfnisse bei den Schülern vorhanden sind, denen man auch gerecht werden müsse. Jeder benötige so
zum Beispiel individuelle, spezifisch konzipierte Aufgaben. Nur so könne ein
inklusiver Fremdsprachenunterricht funktionieren:

Abhängig von B edürfnissen der einzelnen Schüler. Gesonderte Aufgaben zu
verschiedenen Wortschatzbereichen durchnehmen (weiblich, 18-22 Jahre, Span/Frz).

7.4.2 Probleme im Fremdsprachenunterricht

Wie bereits im theoretischen Teil der vorliegenden Arbeit ausgeführt, können
sich durchaus Probleme ergeben im Fremdsprachenunterricht, wenn Inklusion
oder zumindest ein inklusiver Ansatz umgesetzt werden soll. Wie auch für viele
andere Fächer, stellt sich die Frage, wie das Noten- bzw. Bewertungssystem
umgestellt werden sollte, wie die Lehrpläne verändert werden müssten, wann
und in welchem Rahmen Lehrkräfte eine Schulung hierfür erhalten, welche Materialen zur Verfügung stehen usw. – zahlreiche Probleme und Herausforderungen werden von allen Befragten benannt. So wurde u.a. erklärt:

Die Starrheit der Schulbücher. Es wird differenziertes Arbeitsmaterial benötigt, um alle
Schüler individuell zu fördern (weiblich, 23-28 Jahre, Span/Musik).

oder

Es ist schwierig, qualifiziertes Personal zu finden (weiblich, 23-28 Jahre, Span).

Diese Aussagen stehen exemplarisch für viele andere, in denen die oben genannten und bekannten Probleme immer wieder angesprochen werden.

Für einen inklusiven Ansatz im Fremdsprachenunterricht kann vor allem festgestellt werden, dass die zukünftigen Fremdsprachenlehrkräfte keine Vorstellung über die Vermittlung fremdsprachlicher Kompetenzen in einem inklusiven System haben. Das ist ein großes Problem; so fragte ein Proband:

Wie bringt man einem geistig behinderten Kind Fremdsprachen bei? Ich weiß es nicht
(weiblich, 23-28 Jahre, Span).

Hier scheint ein abstrakter Leistungsbegriff durch, der nicht die individuellen Kompetenzen und Fortschritte beachtet, sondern eine Leistungsmessung am Klassendurchschnitt bzw. der Zielmarke am Schuljahresende usw.

Immer wieder wird auch die spezifische Kompetenzvermittlung, die im Fremdsprachenunterricht besonders wichtig ist, angesprochen. Die rezeptiven und produktiven Kompetenzen werden im Französisch-, Spanisch- und Italienischunterricht geschult, wobei die meisten künftigen Lehrkräfte zuvorderst bedacht sind, das Sprechen zu fördern. Dabei könne es zu Schwierigkeiten kommen, wenn inklusiver Fremdsprachenunterricht gefordert wird – so jedenfalls die Einstellung vieler Lehrkräfte. Eine exemplarische Aussage hierzu:

> Im Fremdsprachenunterricht kann es verstärkt zu einer Separation der SuS mit sonderpäd. Förderbedarf kommen, da Sprechen im Vordergrund steht und da s Lerntempo sehr unterschiedlich sein wird (weiblich, 23-28 Jahre, Span/D).

7.4.3 Voraussetzungen für Inklusion im Fremdsprachenunterricht

Wie im vorhergehenden Kapitel angesprochen, sind Probleme und Herausforderungen vorhanden, die angegangen und bewältigt werden müssen, damit inklusiver Fremdsprachenunterricht umsetzbar ist. In diesem Kontext wurden von den Befragten ganz konkrete Kriterien formuliert. Die zukünftigen Fremdsprachenlehrkräfte gaben etwa an, dass die Lehrerausbildung mehr praktische Anteile haben müsse. Des Weiteren müssten mehr Lehrkräfte im Schulsystem zur Verfügung stehen, da sonst realistischerweise nicht durch eine Lehrperson auf 30 individuelle Bedarfe in einer Klasse eingegangen werden könne. Als weiteres Problem wird die Leistungsbewertung benannt, die Haltung hierzu müsse im System grundsätzlich geändert werden. In diesem Kontext wurde auch erwähnt, dass der zunehmende Leistungsdruck der Gesellschaft hinderlich dabei sei, einen inklusiven Unterricht umzusetzen.

Besonders auffällig ist, dass viele der zukünftigen Fremdsprachenlehrkräfte expliziert formulieren, dass auch die Motivation und der Wille dafür vorhanden sein müsse, etwas ändern, umstrukturieren, neu gestalten zu wollen. Bei ihnen ist der Eindruck verbreitet, dass nur wenige aktuelle Lehrkräfte sich dafür engagieren würden, viele sich und ihren Unterricht dagegen nicht ändern wollen, da dies mehr Arbeit bedeute. So erklärt eine der Befragten:

Die Fremdsprachenlehrer, egal ob für Französisch, Spanisch oder Englisch, müssen auch etwas ändern wollen. Sie müssen ihre Einstellung ändern (weiblich, 23-28 Jahre, Span/Musik).

Des Weiteren wird eine Verkleinerung der Klassengröße angesprochen, um einen inklusiven Fremdsprachenunterricht überhaupt realisieren zu können; mit etwa 30 Schülern seien die Klassen einfach zu groß; vor allem dann, wenn nur eine Lehrkraft zur Verfügung stehe. Zudem wird auch die Ausstattung an sich in den Räumen als Kriterium angesprochen:

Im Fremdsprachenunterricht darf die Klassengröße nicht zu groß sein. Verschiedene Medienangebote müssen im Raum zur Verfügung stehen (weiblich, 23-28 Jahre, Span/Musik).

Auch in diesem Kontext wird wieder die fehlende Ausbildung der zukünftigen Spanisch- und Französischlehrkräfte exemplarisch anhand der Fremdsprachen-vermittlung angesprochen.

Eine offene Unterrichtsform, die oft nicht vorliegt und eine Ausbildung der Lehrkräfte, welche spezifischen Probleme im Spracherwerb auftreten können, muss vorgenommen werden (weiblich, 23-28 Jahre, Span/D).

7.4.4 Chancen und Herausforderungen durch Inklusion

In den Diskussionen über Chancen und Herausforderungen im Kontext eines inklusiven Fremdsprachenunterrichts fällt auf, dass Studierende mit Kenntnissen im Bereich der Inklusion betonen, dass durch einen inklusiven Fremdsprachen-unterricht vor allem die kulturelle/interkulturelle Kompetenz gestärkt werden könne, wenn hierauf explizit im Unterricht eingegangen wird, da der Fremd-sprachenunterricht sich dafür ganz besonders anbiete:

Die kulturelle bzw. interkulturelle Kompetenz wird geschult. Kultureller Austausch findet statt. Gegen Vorurteile und R assismus kann vor allem im Fremdsprachen-unterricht gearbeitet werden (weiblich, 18-22 Jahre, Span/Frz /Eng).

Auffällig ist, dass in der Vorstellung eines inklusiven Fremdsprachenunterrichts immer wieder angesprochen wurde, dass im Kontext von lebendiger Mehr-sprachigkeit und zunehmender Migration eine verstärkte Verknüpfung zwischen den spezifischen Muttersprachen und der zu erlernenden Fremdsprache möglich wäre; durch die Thematisierung des real existierenden Kontaktes könnten die Kinder und Jugendlichen ganz konkret in Toleranz, Vielfalt und Offenheit geschult werden. Es wird aber auch die Bedeutung des materialsprachlichen Vergleichs angeführt, der einen Vorteil böte:

> Man kann ihr [Kinder und Jugendliche mit Migrationshintergrund, d. Verf.] Vorwissen ihrer Muttersprache im Unterricht miteinbinden um z.B. Phänomene der zu erlernenden Sprache zu erläutern oder zu vertiefen (weiblich, 18-22 Jahre, Span).

Auf Nachfragen, warum dies im bisherigen Fremdsprachenunterricht nach Meinung der Befragten nicht möglich sei, wurde wiederholt erklärt, dass dafür keine Zeit und auch keine Materialien vorhanden seien; der Rahmenlehrplan bzw. die Vorgaben seien einfach zu starr.

Aufschlussreich erscheint in diesem Kontext auch, dass mit der Umsetzung eines inklusiven Bildungssystems viele zukünftige Fremdsprachenlehrkräfte auf Veränderung hoffen bzw. die Umsetzung von Inklusion mit Chancen und Möglichkeiten verbinden. Sie haben durchaus ein Interesse daran, dass das System geändert wird; sie sehen aber gleichzeitig die Problematik, dass es sehr große Beharrungskräfte gebe.

Von den zukünftigen Fremdsprachenlehrkräften mit Kenntnissen wird im Kontext des Zusammendenkens der Herausforderungen Migration/Mehrsprachigkeit und Inklusion angesprochen, dass die Mehrsprachigkeit genutzt werden könne, um das grundsätzliche Verständnis von Sprache und die Sensibilität für das Erlernen von Fremdsprachen im Unterricht zu stärken. Folgende Aussagen können hier beispielhaft angeführt werden:

> Vielschichtige Kontakte ermöglichen ein besseres Verständnis von Sprache (männlich, 18-22 Jahre, Span/Eng).

> SuS bringen schon Kompetenzen in einer anderen Sprache mit, die genutzt werden können. Die Herausforderung ist das Erlernen einer neuen Fremdsprache ohne Deutsch gefestigt zu haben. (weiblich, 23-28 Jahre, Span/D)

> Eine Chance besteht darin, dass Schüler mit Migrationshintergrund persönlichen Erfahrungen und vielleicht neuen Standpunkten mit der Klasse teilen (männlich, 23-28 Jahre, Span/Frz).

Problematisch wird jedoch auf die Mehrarbeit, die mit der Einführung eines inklusiven Schulsystems einhergeht, verwiesen, da die Lehrkräfte mit ihrer Belastung bereits am Rande ihrer Kapazitäten seien. Mit jedem individuellen Fall müsse auch die Lehrkraft speziell darauf eingehen:

Für den Lehrer besteht die Herausforderung, dass er möglicherweise einen Muttersprachler in der Klasse hat, den er anders fordern und benoten muss als den Rest. Dafür
bleibt wenig Zeit (männlich, 23-28 Jahre, Span/Frz).

7.4.5 Vorstellungen eines inklusiven Fremdsprachenunterrichts

Wie bereits deutlich wurde, haben viele zukünftige Fremdsprachenlehrkräfte
noch große Schwierigkeiten, sich einen inklusiven Fremdsprachenunterricht vorzustellen – vor allem dann, wenn sie noch kein Seminar in ihrem Studium
besucht haben. Aber auch wenn dies erfolgte, benötigen zukünftige Lehrkräfte
weiterhin Unterstützung. Die Probanden geben hierzu vor allem an, dass grundlegende Kenntnisse über Inklusion fehlen, dies konnte allein bei der Unterscheidung der Konzepte Integration und Inklusion (Kapitel 7.1) bereits festgestellt werden.

Sobald konkrete Vorstellungen formuliert werden, fällt auf, dass inklusiver
Fremdsprachenunterricht vor allem mit einem „offenen Unterricht" verbunden
wird, bei dem zum Beispiel kooperative Methoden verwendet werden. Auch
wird bei der Formulierung von Gestaltungsmöglichkeiten angeführt, dass die
Selbstständigkeit der Schüler gefördert werden müsse. Hierzu exemplarisch folgende Aussage:

> Kleine Schülergruppen, die vor allem Gemeinsam versuchen Neuzuerlernendes zu
> bewältigen z.B. eine Gruppe beschäftigt sich mit Grammatik (Objekt, Pronomen),
> andere mit Übersetzung, andere mit Aussprache, anhand von Stationenlernen in etwa.
> Schüler helfen sich gegenseitig und der Lehrer ist „lediglich" zum Unterstützen und
> Helfen da (weiblich, 18-22 Jahre, Span).

Konkret für einen inklusiven Fremdsprachenunterricht wird zudem die Bedeutung der Sinne angesprochen. Wenn man darauf eingehe, sei es möglich, die
Individualität der Schüler zu beachteten, denn ein Schüler ist vielleicht ein visu-
eller Typ, der andere ein auditiver usw.:

> Im inklusiven Fremdsprachenunterricht muss viel mehr mit allen 5 Sinnen gearbeitet
> werden. Viele verschiedene Unterrichtsmethoden müssen zudem genutzt werden, damit
> möglichst alle Schüler erreicht werden (weiblich, 18-22 Jahre, Span/Frz).

7.5 Mehrsprachigkeit, Migration und Inklusion

Ein Zusammenhang zwischen Mehrsprachigkeit, Migration und Inklusion wurde
von allen Probanden gesehen. Im Bildungs- bzw. Schulsystem müsse hierauf

eingegangen werden. Durch einen inklusiven Bildungsansatz könnten sich hieraus viele Möglichkeiten ergeben, wovon alle in einer Lerngruppe profitieren würden:

> Migration ist ein Grund für Mehrsprachigkeit. Dies ist eine Chance für Inklusion, aber gleichzeitig auch ein Beispiel für die Notwendigkeit einer Inklusionsbildung in Deutschland (weiblich, 18-22 Jahre, Span/Frz/Eng).

Die unterschiedlichen Stärken und Schwächen der Mitglieder einer Lerngruppe können am Beispiel der Mehrsprachigkeit sehr gut für den Fremdsprachenunterricht illustriert werden. Kinder und Jugendliche mit Migrationshintergrund können als Experten fungieren und von ihren Erfahrungen berichten:

> Die Mehrsprachigkeit kann sehr förderlich im Unterricht eingebunden werden. Durch Inklusion wird auf jeden Schüler eingegangen und das „Besondere" der Schüler (z.B. andere Sprache, Herkunft, Kultur) kann mit eingebunden werden (weiblich, 18-22 Jahre, Span).

> Kinder mit Migrationshintergrund haben eventuelle andere Muttersprache, die als Experten- oder Referenzsprache im Sinne der Mehrsprachigkeit im inkl. Unterricht benutzt werden können (männlich, 23-28 Jahre, Span).

Auffällig ist in den Antworten der Studierenden mit Kenntnissen im Bereich der Inklusion, dass in diesem Kontext der Bereich der Interkomprehension angesprochen wird. Aus Perspektive der Interkomprehensionsforschung werden Methoden und Strategien entwickelt, um fremdsprachliche Texte lesen und verstehen zu können, ohne sprachliche Kompetenzen zu besitzen. Aufgrund von Kenntnissen in anderen Sprachen (vor allem bei einer engen Verwandtschaft wie bei Französisch, Spanisch und Italienisch), sollen so die Lernenden auch andere Sprachen verstehen können. Es scheint demnach, dass Studierende sich Vorstellungen über einen inklusiven Fremdsprachenunterricht machen können, indem sie sich auf andere Forschungsfelder beziehen:

> Interkomprehension ist wichtig für ein gemeinsames Lernen von vielen Fremdsprachen. Hier kann der inklusive Fremdsprachenunterricht ansetzen (weiblich, 23-28 Jahre, Span/Musik).

Auch bei Studierenden ohne Kenntnisse wird deutlich, dass der Zusammenhang zwischen Inklusion, Migration und Mehrsprachigkeit eindeutig erkannt wird:

> Durch Migration entsteht Mehrsprachigkeit, was Inklusion erfordert, um zu funktionieren (weiblich, 23-28 Jahre, Span).

Gelebte Mehrsprachigkeit kann Integration erleichtern (weiblich, 18-22 Jahre, Span/Frz).

Im Sinne der Bedeutung von mehrsprachigen Handlungskompetenzen fällt auf, dass alle Probanden formulieren, dass diese nur entwickelt werden könnten, wenn Mehrsprachigkeit im Fremdsprachenunterricht als „Expertenwissen" anerkannt werde.

Mehrsprachigkeit im FSU fördern, Ähnlichkeit und Unterschiede zu anderen Sprachen herstellen (männlich, 23-28 Jahre, Span).

Ich verstehe darunter, die Schüler so zu bilden, dass sie sich auch mit fremdsprachlichen Texten auseinandersetzen können. Sprachliche Grundlagen um mit fremdsprachlichen Texten, Filmen, Medien etc. umzugehen (männlich, 23-28 Jahre, Span/Frz).

Auch wenn bereits aktuell viele Lehrkräfte bemüht sind, interkulturelle Kompetenzen zu fördern, finde dies, wie die Studierenden und künftigen Lehrkräfte kritisch angeben, nur vereinzelt beispielsweise in einer spezifischen Unterrichtsreihe statt. Diese Kompetenzbildung müsse aber übergreifend und flächendeckend, quasi als Querschnittsthema des Fremdsprachenunterrichts, kontinuierlich und dauerhaft verfolgt werden.

7.6 Interkulturalität

Anknüpfend an das vorhergehende Kapitel nimmt die Bedeutung der Interkulturalität im Kontext der Verbindung von Migration, Mehrsprachigkeit und Inklusion eine wichtige Rolle ein.

Migration führt zu Interkulturalität, welche Inklusion unabdingbar macht (weiblich, 18-22 Jahre, Span/Frz/Eng).

Es ist wichtig, die eigene Kultur in die Landeskultur einbinden zu können. Seinen Migrationshintergrund nicht als Last zu sehen, sondern als Vorteil (auch von Außenstehenden) (weiblich, 23-28 Jahre, Span).

Sie [Kinder und Jugendliche mit Migrationshintergrund, d. Verf.] sollen sich mit aufgenommen, als gleichwertiger Teil der Gruppe fühlen (weiblich, 18-22 Jahre, Span).

Von vielen Befragten wird erkannt, dass durch einen inklusiven Fremdsprachenunterricht eine wirkliche Auseinandersetzung mit anderen Kulturen erfolgen kann. Dies ist im heutigen System bzw. im Fremdsprachenunterricht nur bedingt möglich. Ein inklusiver Fremdsprachenunterricht stellt also in diesem Kontext eine echte und vielversprechende Alternative dar.

Inklusion ist der perfekte Anfang, um Interkulturalität (durch Migration) zu erlangen. Schüler treffen auf Kinder aus anderen Ländern und lernen so auch deren Kultur kennen (weiblich, 18-22 Jahre, Span).

Durch Migration entsteht eine Auseinandersetzung mit anderen Kulturen. So können interkulturelle Kenntnisse erworben werden. Inklusiver Fremdsprachenunterricht beschäftigt sich mit Inklusion von Kulturen (weiblich, 23-28 Jahre, Span/D).

In diesem Kontext wird erneut die fehlende Bereitschaft der Lehrkräfte im aktuellen Schulsystem thematisiert, sich auf durch Migration bedingte mehrsprachige Situationen wirklich einzulassen und selbst interkulturelle Kompetenzen zu zeigen:

Respekt, Offenheit, Wissen über verschiedene Kulturen, Interesse und Geduld. Man muss zeigen, dass man sich anstrengt. Wenn ein Schüler sich mit ungewöhnlichen Namen vorstellt, dürfen keine Aussprachefehler von Seiten der Anderen stattfinden (weiblich, 23-28 Jahre, Span).

Es geht um den Umgang mit verschiedenen Kulturen. Mehr Kenntnisse über diese Kulturen sollten erlangt werden (weiblich, 18-22 Jahre, Span/Frz).

7.7 Inklusion in der Ausbildung

Wie auch bereits in der Befragung der Lehrkräfte der Willkommensklassen in der ersten Phase der Untersuchung wird von nahezu allen befragten Lehramtsstudierenden erklärt, dass fehlende Kenntnisse, eine fehlende inklusive Ausbildung für die Fachdidaktik usw. zu großen Unsicherheiten führen. Da ein inklusives Bildungs- und Schulsystem keine „Zukunftsmusik" ist, sondern kurzfristig Realität in Deutschland werden soll, wurden die zukünftigen Fremdsprachenlehrkräfte konkret gefragt (Frage 16), ob sie sich bereits mit dieser Thematik intensiv auseinandergesetzt haben.

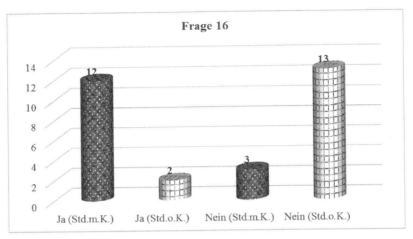

Immerhin zwei von 15 Befragten ohne im Studium vermittelte Kenntnisse über Inklusion haben sich aus eigener Initiative damit laut Selbsteinschätzung intensiv beschäftigt. Fast alle anderen finden es äußerst kritisch, dass dem Thema der Inklusion in der Ausbildung zukünftiger Lehrkräfte nur wenig Beachtung geschenkt wird – auch in anderen Fächern sei kaum ein fachdidaktisches Angebot zu finden.

> Vor allem praktische Erfahrungen fehlen. Schon durch kleine Schritte kann Inklusion umgesetzt werden. Das muss in der Ausbildung angeboten werden (weiblich, 18-22 Jahre, Span).

Auch bei der expliziten Nachfrage und damit Kontrollfrage (Frage 17), ob man in der Ausbildung (Studium) ausreichend darauf vorbereitet werde, allen Kindern und Jugendlichen im Sinne von Inklusion gerecht werden zu können, fällt auf, dass sehr viele künftigen Fremdsprachenlehrkräfte dies verneinen – mehrheitlich selbst wenn sie bereits ein fakultatives Seminar zum Thema besucht haben.

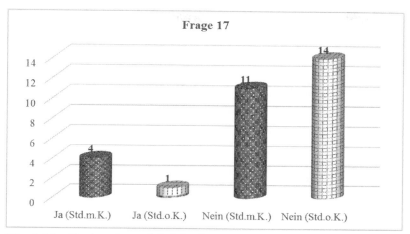

Frage 17

Die gleiche Tendenz ist auch bei der Frage erkennbar, ob man sich bereits mit der Umsetzung von Inklusion im Fremdsprachenunterricht intensiv auseinandersetzen konnte (Frage 18). Auch dies wurde von allen Probanden eindeutig verneint – egal ob sie in einem Uniseminar erworbene Kenntnisse haben oder nicht.

Es wird auch betont, dass eine inklusive Didaktik im Lehramtsstudium nicht vermittelt werde; dies wird jedoch als ganz besonders notwendig eingeschätzt, damit ein inklusives Schulsystem umgesetzt werden könne. Inklusive Gestaltungs- und Umsetzungsmöglichkeiten würden im Lehramtsstudium nur bedingt, und wenn meistens nicht explizit mit dieser Zielrichtung, behandelt.

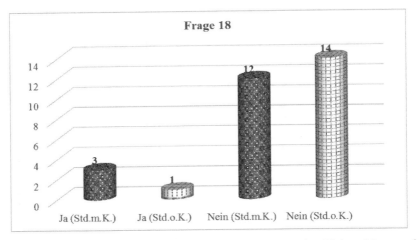

Daher wird angesprochen, dass auch die Dozenten an den Universitäten und Pädagogischen Hochschulen in diesem Bereich einen Weiterbildungsbedarf haben:

Weitreichende Fortbildungsmaßnahmen im fachdidaktischen Bereich benötigen die Dozenten doch selbst (männlich, 18-22 Jahre, Span/Eng).

Auch in dem der Schule vorgeschalteten Hochschulbereich müssten demnach erst einmal Weiterbildungen zur Inklusion und fachdidaktischen Umsetzung angeboten werden. Der Nachwuchs formuliert eindeutig, dass eine tatsächliche Ausbildung hierzu nicht erfolgt.

7.8 Inklusion – Utopie?

In den Pretests zu der vorliegenden Befragung wurde immer wieder die Frage aufgebracht, ob Inklusion nicht eigentlich Utopie oder eine Wunschvorstellung ist. Daher wurden auch die Studierenden gefragt, ob sie der Aussage „Ein inklusiven Schulsystem ist reine Utopie" zustimmen würden (Frage 24).

Bei der quantitativen Analyse ist feststellbar, dass alle Befragten mehrheitlich angaben, dass Inklusion keine Utopie bleiben müsse. Auch wenn jeweils gut ein Drittel dieser Aussage zustimmen, meinen zwei Drittel der Studierenden mit Kenntnissen und immerhin eine knappe Mehrheit der Studierenden ohne Kenntnisse doch – wie im Grunde auch die Ergebnisse und Aussagen der vorhergehenden Kapitel zeigten –, dass Inklusion im Unterricht, in der Schule, im Bildungssystem möglich ist:

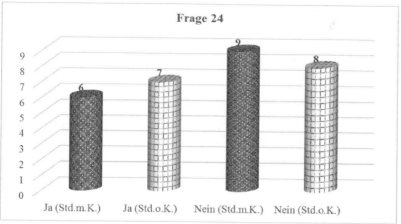

Frage 24

Dennoch werden Einschränkungen bzw. Probleme thematisiert. Es wird klar erkannt und benannt, dass das System an sich geändert werden müsse:

Machbar, aber nicht in unserem derzeitigen Schulsystem (weiblich, 18-22 Jahre, Span/Eng).

Bleiben die Umstände (Bildungssystem, Anzahl der Lehrer, Klassengröße) so wie sie sind, wird es schwierig die Inklusion im S chulsystem umzusetzen (weiblich, 18-22 Jahre, Span).

Finanzieller Faktor: Umstellung des Schulsystems, der Mentalität vieler, Umbau von Schulen, neue Ausbildung für Lehrkräfte, Schulbücher müssen neu eingeführt werden etc. (das Finanzielle liegt ja nun mal in der Hand der Schulpolitik ...) (weiblich, 23-28 Jahre, Span/Frz/Eng).

Auch die gesellschaftliche Dimension dürfe nicht vernachlässigt werden. Die Gesellschaft müsse begreifen, dass Inklusion nicht nur auf die Schule bezogen werden kann. Dies kann auch als Auftrag an die Politik gewertet werden.

Des Weiteren wird zum Teil darauf hingewiesen, dass es bereits zahlreiche Schulen gebe, die Inklusion vorleben. Ein Student nimmt bezogen auf die Frage nach der Utopie eine Unterscheidung zwischen „radikaler Inklusion" und „gelockerter Inklusion" vor:

Was den (radikalen) Ansatz zur Inklusion betrifft ja, da dieser nur mit e iner Veränderung im Gesellschaftssystem einhergehen kann. Was die gelockerte Inklusion angeht, so zeigen uns viele Inklusionsschulen in Deutschland den Weg (männlich, 23-28 Jahre, Span).

Gesellschaft muss nur von Gedanken wegkommen, dass es „bessere" und „schlechtere" Schüler gibt. Jeder hat Stärken, die man freilegen und nutzen sollte (k.A., 23-28 Jahre, Span).

Des Weiteren werden andere europäische Länder, wie etwa die skandinavischen Länder, als Beispiel bzw. als Vorreiter herangezogen, an denen sich Deutschland orientieren sollte:

Es gibt positive Beispiele aus anderen Ländern, wie z.b. Skandinavien (weiblich, 23-28 Jahre, Span/Musik).

Auch bei den Lehramtsstudierenden der Fächer Französisch, Spanisch und Italienisch ohne Vorkenntnisse im Bereich der Inklusionspädagogik sind die genannten Ansichten vorzufinden.

Bei der derzeitigen Lage des deutschen Bildungssystems sehe ich noch nicht, wie Inklusion in der Praxis umgesetzt werden soll (weiblich, 18-22 Jahre, Span/Frz).

Andererseits wird auch hier wieder einmal die mangelnde Ausbildung von vielen Studierenden angeführt:

Ich denke nicht, dass ein inklusives Schulsystem reine Utopie ist, jedoch müssen die Lehrkräfte auf die Situation gut vorbereitet sein und auch in der Ausbildung sollte ein Schwerpunkt darauf gelegt werden (männlich, 23-28 Jahre, Span/Frz).

Gleichwohl werden auch kritische Äußerungen wahrnehmbar. Insbesondere vor dem Hintergrund der Leistungsbewertung und der zu bewältigenden Lerninhalte müsse eine Änderung vorgenommen werden:

Denn benachteiligte Schüler werden von ni cht Benachteiligten oft nicht ernst genommen. Es könnte Schwierigkeiten bei Vermittlung von Unterrichtsinhalten geben, da die einen schneller verstehen als die anderen (kognitiv und auch der mangelnden Sprachkenntnisse wegen) (weiblich, 18-22 Jahre, Span).

In diesem Kontext werden Sonderschuleinrichtungen bzw. speziellere Förderinstitutionen befürwortet, da man nur dort individuellen Bedürfnissen gerecht werden könne:

Aufgrund der Heterogenität der Schüler erscheint es mir unmöglich, alle in einem inklusiven System zu vereinen. Auch für behinderte Schüler ist es sicherlich keine positive Erfahrung, immer ein Schwächerer zu sein. An eine speziell für ihre

Bedürfnisse ausgerichteten Schulen erhalten sie sicherlich eine bessere Betreuung (männlich, 18-22 Jahre, Frz).

Gleichwohl werden hier auch gegensätzliche Einstellungen geäußert:

Inklusion kann und m uss realisiert werden – auch in den Fremdsprachen. Wie im Spanischunterricht. Eigentlich positiv, denn hier setzt jeder Schüler bei 0 an. (weiblich, 18-22 Jahre, Frz/D)

Aus eigener Erfahrung kann ich sagen, dass Inklusion durchaus funktioniert; allerdings müssen die Lehrkräfte dafür massiv verstärkt werden. An einer Gesamtschule an der ich war, gab es in jeder Klasse zusätzlich Langzeitpraktikanten, die SuS mit „besonderen Bedürfnissen" unterstützen. (männlich, 18-22 Jahre, Span/Engl)

Ein inklusives Bildungs- und Schulsystem ist also durchaus möglich.

8. Fazit und Ausblick

Ziel der inklusiven Schule und des inklusiven (Fach-)Unterrichts ist die individuelle Förderung aller Mitglieder einer Lerngruppe und die Umsetzung einer ,Bildung für alle'. Um Kinder und Jugendliche mit Migrationshintergrund bzw. mit mehrsprachigem Hintergrund zu berücksichtigen, ist Inklusion ein idealer Ansatz im Schul- und Bildungssystem.

Für die Ausbildung mehrsprachiger Handlungskompetenzen in einem inklusiven Fremdsprachenunterricht müssen alltagspraktische Standards und Kriterien entwickelt werden. Nur mit diesen können erfahrene und auch junge Lehrkräfte auf die zunehmend heterogeneren Lerngruppen im Fremdsprachenunterricht und die damit verbundenen Herausforderungen vorbereitet werden.

Im Regelschulsystem fehlt ein flächendeckendes und übergreifendes Bewusstsein für diesbezügliche Maßnahmen und Umsetzungsmodelle. Für viele Lehrkräfte an Regelschulen und auch die in Kürze an diese Institutionen kommenden Lehramtsstudierenden stellt sich die Frage, ob es unter den bestehenden Bedingungen überhaupt möglich ist, inklusiv zu arbeiten.

In diesem Sinne kann die Fachdidaktik und hier im Kontext Migration und Mehrsprachigkeit ganz speziell die Fremdsprachendidaktik beratend und unterstützend zur Seite stehen. Hier kann auf viele bewährte Modelle, Unterrichtsverfahren, -methoden usw. zurückgegriffen werden, da es bei der Umsetzung von Inklusion im Grunde um eine verstärkte Förderung der individuellen Behandlung von Lernenden bzw. mehr Akzeptanz von größerer Heterogenität der Lerngruppe geht – erste Ansätze dazu wie Binnendifferenzierung, offene Unterrichtsmethoden usw. sind auf jeden Fall schon zu finden.

Ein inklusiv ausgerichtetes Gesellschaftssystem kann schließlich nur dann erreicht werden, wenn in der Schule gelernt wird, mit der Einzigartigkeit jedes Einzelnen bzw. der Vielfalt an Individuen – egal, ob mit Behinderung, mit Hochbegabung oder mit Migrationshintergrund usw. – selbstverständlich und ohne Berührungsängste umzugehen. In diesem Kontext nehmen die Institution Schule und hier wiederum besonders die Lehrpersonen immens wichtige Rollen ein, derer sie sich noch stärker bewusst werden müssen. Die Unterrichtsmethodik wie auch das gesamte Lernarrangement muss die Bedürfnisse möglichst aller

Kinder berücksichtigen. Soziales Lernen ist Notwendigkeit und Voraussetzung für Inklusion, damit ein inklusives Handeln auch in andere Gesellschaftsbereiche übergehen kann. Robeck (2012: 287) formuliert,

> dass eine nach dem Inklusionskonzept funktionierende Gesellschaft vielleicht nie in Vollständigkeit erreicht werden kann, der Weg dahin jedoch schon ein großes Ziel sein kann. Denn es würde das Bemühen darum deutlich machen und e s würde eine Verbesserung der Lebensqualität für jeden einzelnen schon spürbar machen.

In der vorliegenden Arbeit konnte zudem gezeigt werden, dass das Konzept Inklusion nicht nur, wie noch sehr häufig, im Kontext „Behinderung" zu verorten ist; jedes Kind und jeder Jugendliche hat spezielle Bedarfe und Bedürfnisse, auf die eingegangen werden muss und bei denen dieser eine spezielle Unterstützung benötigt. Auch Schüler mit Migrationshintergrund bzw. -erfahrung benötigen diese spezielle Förderung. Gleichwohl haben sie auch Stärken, von denen andere Kinder und Jugendliche wiederum profitieren können – dies darf konsequenterweise erstens nicht vernachlässigt werden und kann zweitens sogar für einen lebendigen, interkulturelle Kompetenzen schaffenden Fremdsprachenunterricht produktiv genutzt werden. Von der sprachlichen und kulturellen Vielfalt kann nämlich vor allem der Fremdsprachenunterricht enorm profitieren. Die Bedeutung von Mehrsprachigkeit in Europa ist bereits seit langem rechtlich und politisch anerkannt; auch Deutschland ist nicht erst seit viele Menschen vor Kriegen und Klimaereignissen flüchten, von Mehrsprachigkeit sowie sprachlicher und kultureller Vielfalt geprägt. Das interkulturelle Verständnis muss daher – vor allem im Fremdsprachenunterricht, wie die Lehrpläne bereits vorgeben – besonders geschult werden, damit Toleranz, Akzeptanz und Offenheit keine leeren Schlagworte bleiben.

In der Arbeit konnte gezeigt werden, dass konkrete Umsetzungs- und Gestaltungsmöglichkeiten bereits heute existieren, damit im Fremdsprachenunterricht inklusiv gearbeitet werden kann, selbst wenn Lehrpläne, Rahmenpläne und Richtlinien bisher Inklusion nur in seltenen Fällen fordern oder überhaupt erwähnen. Auf internationaler Ebene hat sich aber Deutschland diesem Ansatz verpflichtet – auf gesamtgesellschaftlicher Ebene und insbesondere damit auch auf Ebene des Bildungs- und Schulsystems. Für die Umsetzung von Inklusion muss an einigen Stellschrauben gedreht werden. Dabei muss nicht das ganze

Bildungs- und Schulsystem sofort komplett umgestellt werden, auch wenn dies langfristig sicherlich von Nöten ist, damit wirklich alle Kinder gemeinsam zusammenlernen können. Beim Unterrichtsansatz, bei der Leistungsbeurteilung und vor allem bei der Einstellung der verschiedenen Akteure gegenüber Inklusion – sie beginnt im Kopf! –; wenn jeder seinen kleinen Teil zur Umsetzung beiträgt, wird das Schulsystem bald inklusiver. Gute-Praxis-Beispiele wie die Berg-Fidel-Schule in Münster dienen dabei als Richtschnur.

Die beiden empirischen Untersuchungen zu den Verbindungen im Kontext von „Migration, Mehrsprachigkeit und Inklusion" konnten zudem zeigen, worin konkrete Handlungsbedarfe bestehen. Bereits bekannte Probleme, warum die Umsetzung von Inklusion so schleppend in Deutschland im Schulsystem vorangeht, wurden aus der Praxis bestätigt. Einerseits konnte gezeigt werden, dass durch die eingeführten Willkommens- bzw. Deutschlern- oder Integrationsklassen eher Exklusion vorgenommen wird. Lehrkräfte dieser Lerngruppen formulieren sehr genau Potenziale ihrer Kinder und Jugendlichen mit Migrationshintergrund, die nur selten vom Regelschulsystem wahrgenommen, gefördert und genutzt werden. Das Hauptproblem ist, dass ein nicht-inklusives Schulsystem hierauf gar nicht vorbereitet ist. Sie äußern sich sehr kritisch dazu, wie im Schulalltag ein Ausschluss aus dem Regelschulsystem spürbar ist. Durch die zweite Untersuchungsgruppe konnte andererseits aufgezeigt werden, dass Veränderungen in Richtung eines inklusiven Bildungs- und Schulsystem nur möglich sind, wenn zukünftige Lehrkräfte in ihrer Ausbildung darauf vorbereitet werden.

In der gesamten Untersuchung zeigte sich wenig überraschend, dass es noch an vielen Stellen hapert, wenn Inklusion im deutschen Bildungs- und Schulsystem flächendeckend Realität werden soll. Speziell die gedankliche Einbeziehung von Kindern und Jugendlichen mit Migrationshintergrund in den Kontext inklusiver Bildung wird vermutlich von den sich bereits überfordert fühlenden Lehrkräften als zusätzliche Hürde wahrgenommen. Doch sollen die Ergebnisse dieser Arbeit ein Plädoyer dafür darstellen, dass gelebte Inklusion im Fremdsprachenunterricht für die Lehrkräfte nicht unbedingt komplizierter als der derzeitige Regelunterricht sein muss. Es erfordert einen Umdenkprozess. Die Schüler müssen als Ressource für den Unterricht wahrgenommen werden.

Durch die Stärken Einzelner, wie zum Beispiel die Beherrschung einer Fremdsprache, kann das Lernen bei geschicktem Einsatz allen leichter fallen.

Inklusion ist letztlich auch ein gesellschaftlicher Auftrag zur Erziehung der Kinder und Jugendlichen zu Toleranz und Offenheit. Dazu gehört auch, Kindern und Jugendlichen mit Migrationshintergrund bzw. -erfahrung Chancen zu eröffnen. Hier bietet der Fremdsprachenunterricht hervorragende Ausgangsbedingungen, weil insbesondere mit Beginn des Fremdsprachenerwerbs alle Schüler auf einem Stand sind – nämlich in der Regel ohne Kenntnisse –, während im sonstigen Fachunterricht die mangelnde oder qualitativ eingeschränkte Sprachbeherrschung des Deutschen oft ein gewichtiger Nachteil für den Lernerfolg ist.

Auch wenn sicherlich diskutiert werden kann, ob es so wichtig ist, theoretisch eine Unterscheidung zwischen Inklusion und Integration vornehmen zu können: Wie soll aber Inklusion von derzeitigen oder künftigen Lehrkräften umgesetzt werden, wenn hierfür kein oder ein fehlerhaftes oder ein nur sehr allgemeines, d.h. das Konzept verfälschendes bzw. reduzierendes, Verständnis vorliegt?

Alle Befragten sind sich einig, dass Experten, also Sonderpädagogen, Sozialarbeiter usw. immens wichtig in einem inklusiven Schulsystem sind, damit Kinder und Jugendliche individuell gefordert und gefördert werden können. Neben einer Verbesserung der Ausbildungssituation für künftige Lehrkräfte benötigen aktuelle Lehrkräfte zudem Weiterbildungsangebote; hier muss als politisches Signal an die Lehrkräfte, dass sich keiner „drücken" kann, ein deutlicher und spürbarer Ausbau des Angebots erfolgen.

Wie anhand der hiesigen Studie dargestellt, ist es wichtig, auf die individuellen Lernbedürfnisse der Schüler eingehen zu können. Sowohl die Unterrichtsmethodik als auch das gesamte Lernarrangement muss die Bedürfnisse aller Schüler beachten, aber auch viele andere Aspekte sind wie aufgezeigt enorm wichtig, damit jeder Schüler seine Lernpotenziale entfalten kann. Unstrittig ist, dass finanzielle Mittel und eine gute Ausstattung der Schulen dringend nötig sind, damit ein inklusives Bildungs- und Schulsystem erreicht werden kann. Mehr und gut qualifiziertes Personal ist in diesem Kontext notwendig, aber auch bessere technische Grundvoraussetzungen oder Raumaufteilungen sind von Bedeutung.

Wie die Untersuchung ferner gezeigt hat, fehlt bezogen auf den Fach-, hier den Fremdsprachenunterricht, vielfach ein Bewusstsein für Maßnahmen und Umsetzungsmodelle, wie inklusiv gearbeitet werden kann. Es bedarf noch mehr fachdidaktischer Untersuchungen, welcher Ansatz, welche Methoden, welche Inhalte im Sinne der Inklusionspädagogik, aber auch aus Sicht der Fremdsprachendidaktik sinnvoll erscheinen und auch flächendeckend umsetzbar wären. Kooperative Methoden sind dabei wie dargestellt ein guter Ausgangspunkt, bedürfen aber ebenfalls noch bestimmter Weiterentwicklungen und Konkretisierungen im Kontext von Inklusion.

Im Kontext von Migration und Inklusion muss die Teilhabe von Kindern und Jugendlichen mit Migrationshintergrund im Schulsystem und auch im Fremdsprachenunterricht bewusst hergestellt werden. Inklusion ist im Fremdsprachenunterricht möglich; bestimmte – sicherlich auf fast alle Fächer zutreffende – allgemeine Vorbedingungen müssen zwar hergestellt werden, aber auch konkret für den Spanisch- und Französisch- sowie Italienischunterricht müssen praktische Vorstellungen entwickelt werden, um einen inklusiven Fremdsprachenunterricht zu ermöglichen. Viele zukünftige Lehrkräfte haben bisher keine Ahnung, welche Gestaltungs- und Umsetzungsmöglichkeiten es gibt.

Durch die Beachtung der kulturellen Vielfalt kann im Fremdsprachenunterricht vor allem auf die Ausbildung der interkulturellen Kompetenz eingegangen werden, auf die sonst in der Regel nur über aufbereitete, (fiktiv) erstellte Unterrichtsansätze, die häufig nicht auf eine gelebte Mehrsprachigkeit in der realen Klassenzusammensetzung eingehen, verwiesen wird. Inklusiver Fremdsprachenunterricht bedeutet aber vom Ausgangspunkt her auch, sich bewusst mit der kulturellen und sprachlichen Vielfalt auseinanderzusetzen. Aber nicht nur auf der Ebene der Interkulturalität kann bewusst gelebte Mehrsprachigkeit hilfreich sein, sondern auch bei der Entwicklung bzw. dem Ausbau sprachlicher Kompetenzen, denn, wie die Untersuchung ergab, wissen beispielsweise Kinder und Jugendliche der Berliner Willkommensklassen aufgrund ihrer konkreten Erfahrungen, wie Kommunikation in einer Fremdsprache funktional betrieben wird und was hierfür besonders wichtig ist. Auch um einen Vergleich mit anderen Sprachen vorzunehmen zu können, ist die Gegenüberstellung und damit die Sensibilisierung für sprachliche Besonderheiten durch die Berücksichtigung und Einbeziehung verschiedener in der Klasse existierender Kulturen und Sprachen möglich. Wie der Untersuchung aber auch zu entnehmen ist, müssen die Lehrkräfte hierauf aber vorbereitet werden, um den Umgang mit heterogenen Lerngruppen bewusst zu erlernen. Nur so können die Potentiale aller Schüler berücksichtigt und ihnen damit auch die Möglichkeit gegeben werden, diese zu entfalten.

Abschließend festzuhalten bleibt, dass es in der vorliegenden Studie darum ging, Probleme und Herausforderungen im Kontext von Migration zu erläutern, um hieran Chancen und erste mögliche Lösungsansätze zu formulieren. Weiter muss es in der fachdidaktischen Arbeit nun darum gehen, konkret aufzuzeigen, was weitere Ansätze im Umgang mit Migration und Mehrsprachigkeit vor dem Hintergrund der Umsetzung von Inklusion sein können. Weiterführende Studien und Forschungen sind im Kontext von Migration, Mehrsprachigkeit und Inklusion also sehr wünschenswert.

Es kann festgestellt werden: Wenn man Kinder und Jugendliche mit fremdsprachlichen Kenntnissen wirklich integrieren will – in diesem Kontext machen Willkommensklassen trotz aller guten Absichten praktisch wenig Sinn – dann ist hierfür Inklusion ein guter Ansatz. Dafür muss Inklusion aber auch in ihrem vollen Ausmaß verstanden werden und die praktische Umsetzbarkeit vor allem in Aus- und Fortbildung vermittelt werden. Die Lehrkraft muss sich in diesem Kontext gar nicht komplett ändern, sondern vielmehr ihre Einstellung „öffnen". Konkrete Methoden und Unterrichtsansätze sind bereits gegeben, so etwa durch die Berücksichtigung kooperativer Methoden und das bewusste Umsetzen der Binnendifferenzierung – dies muss „lediglich" noch etwas konsequenter beachtet werden. Lehrkräfte sollten sich dafür vielmehr als Pädagogen verstehen; das soziale Lernen ist oft wichtiger für die Schüler als die sture Lernstoffvermittlung.

Die Studie hat empirisch bestätigt, was die Deutsche UNESCO-Kommission 2012 grundlegend formuliert hat:

Der Wille zur Weiterentwicklung, Partizipations- und Mitentscheidungsmöglichkeiten für Kinder und Jugendliche, das Öffnen der Schule für Gemeinde- und Stadtteilarbeit und das Arbeiten in demokratischen, multiprofessionellen Teams sind nur einige Erfolgsfaktoren für inklusive Schulen (Deutsche UNESCO-Kommission 2012: 83).

Inklusion bzw. die Umsetzung von Inklusion muss nicht Utopie bleiben. Auch wenn vielleicht der Idealzustand nie erreicht werden kann, ist der Weg dahin schon äußerst wichtig, denn, wenn dieser bewusst bestritten wird, werden Offenheit, Toleranz und Akzeptanz keine Schlagworte mehr bleiben; eine Verbesserung der Lebensqualität und der Gewährung gleichwertiger Lebensverhältnisse für alle in Deutschland Lebenden würde damit einhergehen.

Literaturhinweise

AICHELE, VALENTIN/LITSCHKE, PETER & DEUTSCHES INSTITUT FÜR MENSCHENRECHTE. eds. 2014. *UN-Behindertenrechtskonvention: UN prüfen 2015 die Umsetzung in Deutschland.* Berlin (aktuell/Deutsches Institut für Menschenrechte 01/2014/http://nbn-resolving.de/urn:nbn:de:0168-ssoar-392842, Zugriff: 14.09.2015.).

ARBEITSKREIS INKLUSION DER BEZIRKSREGIERUNG DÜSSELDORF. 2012. *Zur Erstellung eines Schulischen Konzepts: Gemeinsames Lernen. Auf dem Weg zur Inklusion in der allgemeinen Schule.* Bezirksregierung Düsseldorf (http://www.zfsl-duesseldorf.nrw.de/Inklusion/Erstellung_schulisches_Inklusionskonzept.pdf, Zugriff: 19.07.2015).

BAUMGARDT, Sigrid/SEMMEL, Lothar & HIRSCHMANN, Inge. 2014. „Der Deckel muss weg. Die schlechte Ausstattung der Integration gefährdet die Inklusion", blz, November 2014, Berlin: GEW, 7-8.

BAYERISCHEN STAATSMINISTERIUMS FÜR UNTERRICHT UND KULTUS & STAATSINSTITUT FÜR SCHULQUALITÄT UND BILDUNGSFORSCHUNG MÜNCHEN. 2010. *Lehrplan für das Gymnasium in Bayern im Überblick*, München.

BÄR, Marcus. 2009. *Förderung von Mehrsprachigkeit und Lesekompetenz. Fallstudien zu Interkomprehensionsunterricht mit Schülern der Klassen 8 bis 10*, Tübingen: Narr.

BINTINGER, Gitta/EICHELBERGER, Harald & WILHELM, Marianne. 2005. „Von der Integration zur Inklusion", in: Grubich, Rainer et. al. eds. *Inklusive Pädagogik. Beiträge zu einem anderen Verständnis von Integration,* Aspach: edition innsalz Verlags GmbH, 20-42.

BOBAN, Ines/HINZ, Andreas/PLATE, Elisabeth & TIEDEKEN, Peter. 2014. „Inklusion in Worte fassen – eine Sprache ohne Kategorisierungen?", in: Schuppener, Saskia/Bernhardt, Nora/Hauser, Mandy & Poppe, Frederik. eds. *Inklusion und Chancengleichheit. Diversity im Spiegel von Bildung und Didaktik,* Bad Heilbronn: Julius Klinkhardt, 19-24.

BÖHMER, Maria. 2007. „Integrationspolitik aus bundespolitischer Sicht: Herausforderungen und Leitlinien", in: Frech, Siegfried & Meier-Braun, Karl-Heinz. eds. *Die offene Gesellschaft. Zuwanderung und Integration,* Schwalbach: Wochenschau Verlag, 41-58.

BRÜSEMEISTER, Thomas. 2004. *Schulische Inklusion und neue Governance. Zur Sicht der Lehrkräfte*, Münster: MV-Verlag.

BUTZKAMM, Wolfgang. 2004. *Lust zum Lehren, Lust zum Lernen. Eine neue Methodik für den Fremdsprachenunterricht.* Tübingen (u.a.): Francke.

CASPARI, Daniela. 2003. *Fremdsprachenlehrerinnen und Fremdsprachenlehrer. Studien zu ihrem beruflichen Selbstverständnis*, Tübingen: Narr.

CASPARI, Daniela. 2008. „Zu den „Interkulturellen Kompetenzen" in den Bildungsstandards", in: Fäcke, Christiane/Hülk, Walburga & Klein, Franz-Josef. eds. *Multiethnizität, Migration und Mehrsprachigkeit. Festschrift zum 65. Geburtstag von Adelheid Schumann,* Stuttgart: ibidem-Verlag, 19-35.

CHAMBERS, Iain. 1996. *Migration, Kultur, Identität*, Tübingen: Stauffenberg-Verlag.

CONRADI, Elisabeth. 2009. „Inklusion in demokratischen Debatten – von der sozialen zur politischen Praxis", in: Niesen, Peter & Krannich, Margret. eds. *Gesellschaftliche Perspektiven: Bildung, Gerechtigkeit, Inklusion.* Jahrbuch der Heinrich-Böll-Stiftung Hessen e.V., Band IX (2008), Frankfurt am Main: Essen, 103-110.

DALLER, Helmut. 2005. „Migration und bilinguale Sprachenentwicklung: Türkische Rückkehrer aus Deutschland", in: Hinnenkamp, Volker & Meng, Katharina. eds. *Sprachgrenzen überspringen. Sprachliche Hybridität und pol ykulturelles Selbstverständnis*, Tübingen: Narr, 325-344.

DANNENBECK, Clemens. 2013. „Inklusionsorientierung im Sozialraum – Verpflichtung und Herausforderung", in: Becker, Ulrich/Wacker, Elisabeth & Banafsche, Minou. eds. *Inklusion und Sozialraum*, Baden-Baden: Nomos, 47-57.

DATTA, Asit. 2005. „Kulturelle Identität in der Migration", in: Datta, Asit. ed. *Transkulturalität und Identität. Bildungsprozesse zwischen Exklusion und Inklusion*, Frankfurt am Main (u.a.): IKO, 69-82.

DE CILIA, Rudolf. 2008. „Plädoyer für einen Paradigmenwechsel im Umgang mit Mehrsprachigkeit", in: Frings, Michael & Vetter, Eva. eds. *Mehrsprachigkeit als Schlüsselkompetenz: Theorie und Praxis in Lehr- und Lernkontexten. Akten zur gleichnamigen Sektion des XXX. Deutschen Romanistentages an de r Universität Wien (22. bis 27. Se ptember 2007)*, Stuttgart: ibidem-Verlag, 69-84.

DE FLORIO-HANSEN, Inez. 2008. „Mehrsprachigkeit – ein Gesamtsprachenkonzept für alle", in: Frings, Michael & Vetter, Eva. eds. *Mehrsprachigkeit als Schlüsselkompetenz: Theorie und Praxis in Lehr- und Lernkontexten. Akten zur gleichnamigen Sektion des XXX. Deutschen Romanistentages an der Universität Wien (22. bis 27. September 2007)*, Stuttgart: ibidem-Verlag, 85-108.

DELANOY, Werner. 2012. „Mehrsprachigkeit als Perspektive: Gloria Anzaldúas *Friens from the Other Side/Amigos del Otro Lado*", in: Hammer, Julia/Eisenmann, Maria & Ahrens Rüdiger. eds. *Anglophone Literaturdidaktik. Zukunftsperspektiven für den Englischunterricht*, Heidelberg: Winter, 429-439.

DEUTSCHE UNESCO-KOMMISSION E.V. 2012. *Bildungsregionen auf dem Weg. Inklusive Bildung in Aachen, Wiesbaden, Hamburg und O berspreewald-Lausitz*, Bonn: Kandinsky Production House GmbH.

DEUTSCHE UNESCO-KOMMISSION E.V. 2014. *Inklusion: Leitlinien für die Bildungspolitik*, Bonn: Deutsche UNESCO-Kommission e.V.

DIRIM, Inci. 2005. „Verordnete Mehrsprachigkeit", in: Datta, Asit. ed. *Transkulturalität und Identität. Bildungsprozesse zwischen Exklusion und Inklusion*, Frankfurt am Main (u.a.): IKO, 83-97.

ERDSIEK-RAVE, Ute. 2011. „Zwischen Integration und Inklusion: Die Situation in Deutschland", in: Wernstedt, Rolf & John-Ohnesorg, Marei. eds. *Inklusive Bildung. Die UN-Konvention und ihre Folgen*, Berlin: Friedrich-Ebert-Stiftung, 39-48.

FARAHAT, Anuscheh. 2014. *Progressive Inklusion. Zugehörigkeit und Teilhabe im Migrationsrecht*, Heidelberg (u.a.): Springer.

FÄCKE, Christiane. 2008. „Mehrsprachigkeit im Kontext europäischer Sprachpolitik", in: Frings, Michael & Vetter, Eva. eds. *Mehrsprachigkeit als Schlüsselkompetenz: Theorie und Praxis in Lehr- und Lernkontexten. Akten zur gleichnamigen Sektion des XXX. Deutschen Romanistentages an de r Universität Wien (22. bis 27. September 2007)*, Stuttgart: ibidem-Verlag, 11-26.

FÄCKE, Christiane. 2011. *Fachdidaktik Spanisch*, Tübingen: Narr.

FERNÁNDEZ AMMAN, Eva Maria/KROPP, Amina & MÜLLER-LANCÉ, Johannes. 2015. „Herkunftsbedingte Mehrsprachigkeit im Unterricht der romanischen Sprachen: Herausforderungen und C hancen", in: Fernández Amman, Eva Maria/Kropp, Amina & Müller-

Lancé, Johannes. eds. *Herkunftsbedingte Mehrsprachigkeit m Unterricht der romanischen Sprachen*, Berlin: Frank & Timme, 9-22.

FEYERER, Ewald. 2005. „Integrative/Inklusive LehrerInnenbildung für alle PädagogInnen", in: Grubich, Rainer et. al. eds. *Inklusive Pädagogik. Beiträge zu einem anderen Verständnis von Integration,* Aspach: edition innsalz Verlags GmbH, 275-285.

FEYERER, Ewald. 2011. „Offene Fragen und Dilemmata bei der Umsetzung der UN-Konvention", in: *Zeitschrift für Inklusion 2/2011* (http://www.inklusion-online.net/index.php/ inklusion/article/view/106/107, Zugriff: 14.09.2015.).

FEYERER, Ewald & PRAMMER, Wilfried. 2002. *Gemeinsamer Unterricht in der Sekundarstufe I. Anregungen für eine integrative Praxis* (http://bidok.uibk.ac.at/library/feyerer-unterricht.html#idp3729408, Zugriff: 14.09.2015.).

FRANCESCHINI, Rita. 2011. „Die ‚mehrsprachigsten' Bürger Europas", in: Eichinger. Ludwig M./Plewnia, Albrecht & Steinle, Melanie. eds. *Sprache und Integration. Über Mehrsprachigkeit und Migration*, Tübingen: Narr, 29-53.

FRECH, Siegfried & MEIER-BRAUN, Karl-Heinz. 2007. „Einleitung: Zuwanderung und Integration", in: Frech, Siegfried/Meier-Braun, Karl-Heinz. eds. *Die offene Gesellschaft. Zuwanderung und Integration*, Schwalbach: Wochenschau Verlag, 7-20.

FREVEL, Claudia. 2008. „Französischunterricht heute – Eine Lehrerrolle im Wandel?", in: Fäcke, Christiane/Hülk, Walburga & Klein Franz-Josef. eds. *Multiethnizität, Migration und Mehrsprachigkeit. Festschrift zum 65. Geburtstag von Adelheid Schumann*, Stuttgart: ibidem-Verlag, 55-66.

GABRIEL, Christoph/STAHNKE, Johanna/THULKE, Jeanette & TOPAL, Sevda. 2015. „Positiver Transfer aus der Herkunftssprache? Zum Erwerb des französischen und e nglischen Sprachrhythmus durch mehrsprachige deutsch-chinesische und deutsch-türkische Lerner", in: Fernández Amman, Eva Maria/Kropp, Amina & Müller-Lancé, Johannes. eds. *Herkunftsbedingte Mehrsprachigkeit im Unterricht der romanischen Sprachen*, Berlin: Frank & Timme, 69-91.

GRUBICH, Rainer. 2005. „Inklusion beginnt im Kopf! – Inklusion im K ontext mit W eltbild und Menschenbild", in: Grubich, Rainer et. al. eds. *Inklusive Pädagogik. Beiträge zu einem anderen Verständnis von Integration,* Aspach: edition innsalz Verlags GmbH, 62-84.

HÄMMERLING, Helga & METSCHER, Manuela. 2013. „Impulsbeispiel für inklusives und sprachenübergreifendes Lernen im Deutsch- und Englischunterricht", in: Jantowski, Andreas. ed. *Thillm.2013 – Gemeinsam leben. Miteinander lernen, Bad Berka: Thüringer Institut für Lehrerfortbildung, Lehrplanentwicklung und M edien*, Bad Berka: Thüringer Institut für Lehrerfortbildung, Lehrplanentwicklung und Medien, 131-142.

HAß, Frank. k.A. „Inklusion im Englischunterricht oder: Lernerorientierung endlich ernst nehmen", IAD (http://www.schulentwicklung.nrw.de/cms/upload/egs/IAD_Inklusion_und_ Englischunterricht.pdf, Zugriff: 14.09.2015.).

HAß, Frank & KIEWEG, Werner. 2012. *I can make it! Englischunterricht für Schülerinnen und Schüler mit Lernschwierigkeiten*, Seelze: Klett Kallmeyer.

HEGELE, Irmintraut. 2006. „ Stationenarbeit. Einstieg in den offenen Unterricht", in: Wiechmann, Jürgen. ed. *Zwölf Unterrichtsmethoden. Vielfalt für die Praxis*. Weinheim & Basel: Beltz Verlag, 58-71.

HEINOLD, Franziska. 2014. „Inklusion beginnt im Kopf – Als gute gesunde Schule eine Schule für Alle schaffen", in: Schuppener, Saskia/Bernhardt, Nora/Hauser, Mandy & Poppe, Frederik. eds. *Inklusion und Chancengleichheit. Diversity im Spiegel von Bildung und Didaktik*, Bad Heilbrunn: Julius Klinkhardt, 117-123.

HEYL, Vera/TRUMPA, Silke/JANZ, Frauke & SEIFRIED, Stefanie. 2014. „Inklusion beginnt im Kopf!? Einstellungsforschung zu Inklusion (EFI)", in: Schuppener, Saskia/Bernhardt, Nora/Hauser, Mandy & Poppe, Frederik. eds. *Inklusion und Chancengleichheit. Diversity im Spiegel von Bildung und Didaktik*, Bad Heilbrunn: Julius Klinkhardt, 39-47.

HINZ, Andrea. 2002. „Von der Integration zur Inklusion – terminologisches Spiel oder konzeptionelle Weiterentwicklung?" *Zeitschrift für Heilpädagogik* 53, 354-361.

HINZ, Andreas. 2011. „Notwendige Bedingungen bei der Umsetzung von Inklusion", in: Wernstedt, Rolf & John-Ohnesorg, Marei. eds. *Inklusive Bildung. Die UN-Konvention und ihre Folgen*, Berlin: Friedrich-Ebert-Stiftung, 59-63.

HINZ, Andrea. 2014. „ Einführung: Was ist Inklusion", in: Klein- Landeck, Michael. *Inklusions-Material. Englisch. Klasse 5 – 10*, Berlin: Cornelsen-Schulverlage GmbH, 6-21.

HIRSCHBERG, Marianne. 2011. „Die gesetzlichen Grundlagen inklusiver Bildung", in: Wernstedt, Rolf & John-Ohnesorg, Marei. eds. *Inklusive Bildung. Die UN-Konvention und ihre Folgen*, Berlin: Friedrich-Ebert-Stiftung, 21-25.

IPWSKR. 1966. *Internationaler Pakt über wirtschaftliche, soziale und kulturelle Rechte vom 19. Dezember 1966* (http://www.institut-fuer-menschenrechte.de/fileadmin/user_upload/ PDF-Dateien/Pakte_Konventionen/ICESCR/icescr_de.pdf, Zugriff: 14.09.2015.).

JACOBS, Anita. 2009. „Jedes Kind mitnehmen. Bildungsschancen für Kinder aus sozial benachteiligten Familien", in: Niesen, Peter & Krannich, Margret. eds. *Gesellschaftliche Perspektiven: Bildung, Gerechtigkeit, Inklusion*, Jahrbuch der Heinrich-Böll-Stiftung Hessen e.V., Band IX (2008), Frankfurt am Main: Essen, 45-51.

JÄGER, Christine. 1984. *Kommunikative Fremdsprachendidaktik: sprachsystem- und sprecherhandlungsorientiert*, Frankfurt a.M.: Lang.

JANTOWSKI, Andreas. 2013. „Inklusion in der Lehrerbildung – Herausforderungen an das Berufsbild und die Lehrerbildung", in: Jantowski, Andreas. ed. *Thillm.2013 – Gemeinsam leben. Miteinander lernen*, Bad Berka: Thüringer Institut für Lehrerfortbildung, Lehrplanentwicklung und Medien, 97-110.

KEIM, Inken & TRACY, Rosemarie. 2007. „Mehrsprachigkeit und Migration", in: Frech, Siegfried & Meier-Braun, Karl-Heinz. eds. *Die offene Gesellschaft. Zuwanderung und Integration*, Schwalbach: Wochenschau Verlag, 121-144.

KLEIN-LANDECK, Michael. 2014. *Inklusions-Material. Englisch. Klasse 5 – 10*, Berlin: Cornelsen-Schulverlage GmbH.

KLUMP, Andre. 2006. „Zur Verankerung sprachwissenschaftlicher Aspekte im modernen Französisch- und Spanischunterricht", in: Frings, Michael. ed. *Sprachwissenschaftliche Projekte für den Französisch- und Spanischunterricht*, Stuttgart: ibidem-Verlag, 15-27.

KRK. 1992. *Übereinkommen über die Rechte des Kindes*, VN-Kinderrechtskonvention im Wortlaut mit Materialien, herausgegeben vom Bundesministerium für Familie, Senioren, Frauen und J ugend (http://www.bmfsfj.de/RedaktionBMFSFJ/Broschuerenstelle/Pdf-Anlagen/_C3_9Cbereinkommen-_C3_BCber-die-Rechte-des-Kindes,property=pdf,bereich=bmfsfj,sprache=de,rwb=true.pdf, Zugriff: 14.09.2015.).

LAND BRANDENBURG. 2011. *Handreichung moderne Fremdsprachen. Grammatik im kompetezorientieren Fremdsprachenunterricht – Unterrichtsvorschläge für Französisch,*

Russisch, Spanisch, Englisch, LISUM Landesinstitut für Schule und Medien Berlin-Brandenburg.

LAPP, Christine. 2005. „Globale gesellschaftspolitische Entwicklungen", in: Grubich, Rainer et. al. eds. *Inklusive Pädagogik. Beiträge zu einem anderen Verständnis von Integration*, Aspach: edition innsalz Verlags GmbH, 320-324.

LEITZKE-UNGERER, Eva. 2008. „Mehrsprachigkeitsdidaktik und m ehrsprachige Kommunikationssituationen in den neuen Lehrwerken für den Französisch- und Spanischunterricht", in: Fäcke, Christiane/Hülk, Walburga & Klein, Franz-Josef. eds. *Multiethnizität, Migration und Mehrsprachigkeit. Festschrift zum 65. Geburtstag von Adelheid Schumann*, Stuttgart: ibidem-Verlag, 105-124.

LEUPOLD, Eynar. 2002. *Französisch unterrichten. Grundlagen · M ethoden · A nregungen*, Seelze-Velber: Kallmeyer.

LÜDI, Georges. 1984. *Zweisprachig durch Migration: Einführung in die Erforschung der Mehrsprachigkeit am Beispiel zweier Zuwanderergruppen in Neuenburg (Schweiz)*, Tübingen: Niemeyer

LÜDI, Georges. 2011. „Neue Herausforderungen an eine Migrationslinguistik im Zeichen der Globalisierung", in: Stehl, Thomaa. ed. *Sprachen in mobilisierten Kulturen: Aspekte der Migrationslinguistik*, Potsdam: Universitätsverlag, 15-38.

MAAS, Utz. 2008. *Sprache und Sprachen in der Migrationsgesellschaft. Die schriftkulturelle Dimension*, Göttingen: V&R unipress GmbH.

MENDEZ, Carmen. 2012. *Inklusion im Fremdsprachenunterricht* (http://www.lehrer-online.de/inklusion-im-fremdsprachenunterricht.php, Zugriff: 14.09.2015).

MINISTERIUM FÜR BILDUNG, WISSENSCHAFT, WEITERBILDUNG UND KULTUR RHEINLAND-PFALZ. 2012. *Handreichungen Zum Lehrplan für das Fach Spanisch in Rheinland-Pfalz*, erstellt von den Mitgliedern der Fachdidaktischen Kommission und des Ministeriums für Bildung, Wissenschaft, Weiterbildung und Kultur Rheinland-Pfalz, Mainz.

MINISTERIUM FÜR BILDUNG, WISSENSCHAFT, WEITERBILDUNG UND KULTUR RHEINLAND-PFALZ. 2012. *Lehrplan für das Fach Spanisch in der Sekundarstufe I. Grundfach und Leistungsfach in der gymnasialen Oberstufe*, Mainz.

MINISTERIUMS FÜR SCHULE UND WEITERBILDUNG DES LANDES NORDRHEIN-WESTFALEN. 2008. *Kernlehrplan für das Gymnasium – Sekundarstufe I in Nordrhein-Westfalen. Französisch*, Düsseldorf.

MINISTERIUM FÜR SCHULE UND WEITERBILDUNG DES LANDES NORDRHEIN-WESTFALEN. 2009. *Kernlehrplan für das Gymnasium – Sekundarstufe I in Nordrhein-Westfalen. Spanisch*, Düsseldorf.

MOUFFE, Chantal. 2010. „Inklusion/Exklusion: Das Paradox der Demokratie", in: Weibel, Peter & Žižek, Slavoj. eds. *Inklusion : Exklusion. Probleme des Postkolonialismus und der globalen Migration*, Wien: Passagen Verlag, 75-90.

MUHR, Rudolf. 1985. „Sozialpsychologische und linguistische Aspekte von i nnersprachlichem und zwischensprachlichem Sprachkontakt und S prachkonflikt – Versuch eines integrierten kontaktlinguistischen Beschreibungsmodells", in: Nelde, Peter H. ed. *Methoden der Kontaktlinguistik*, Bonn: Dümmler, 287-297.

OOMEN-WELKE, Ingelore & PEÑA, Tomas. 2005. „Sprachenlernen – Biographische Rekonstruktionen zweisprachiger Schulkinder", in: Hinnenkamp, Volker & Meng, Katharina.

eds. *Sprachgrenzen überspringen. Sprachliche Hybridität und pol ykulturelles Selbstverständnis*, Tübingen, Narr, 289-323.

PLATTE, Andrea. 2005. *Schulische Lebens- und Lernwelten gestalten. Didaktische Fundierung inklusiver Bildungsprozesse*, Münster: MV-Verlag.

REICH, Kersten. 2014. *Inklusive Didaktik: Bausteine für eine inklusive Schule*, Weinheim [u.a.]: Beltz.

ROBECK, Johanna. 2012. *Von der Segregation über Inklusion zur Inklusion aus psychologisch-pädagogischer Sicht*, Neckenmarkt: Vindobona Verlag.

SASSEN, Saskia. 2010. „Die Immigration überdenken: Eine internationale Perspektive", in: Weibel, Peter & Žižek, Slavoj. eds. *Inklusion: Exklusion. Probleme des Postkolonialismus und der globalen Migration*, Wien: Passagen Verlag, 107-116.

SCHEGA, Markus. 2004. *Inklusion als Konzept*, Schulen ans Netz e.V. (Zugriff unter http://www.lehrer-online.de/inklusion.php?sid=84545563206364698840783408340790).

SCHLAAK, Claudia. 2014: „Inklusion im Fremdsprachenunterricht: Umsetzung und Best-Practice-Beispiele", Potsdam: Universitätsverlag (http://nbn-resolving.de/urn:nbn:de:kobv:517-opus-72373, Zugriff: 14.09.2015.).

SCHLAAK, Claudia. 2015. „Kooperative Methoden im Französischunterricht: Förderung der Individualität im modernen Fremdsprachenunterricht am Beispiel der Unterrichtsmethode Lernbuffet", in Bürgel, Christoph/Frings, Michael/Heiderich, Jens/Koch, Corinna & Thiele, Sylvia. eds. *ZRomSD* 9/2, 105-121 (im Druck).

SCHÖPP, Frank. 2015. „Die Thematisierung herkunftsbedingter Mehrsprachigkeit im Unterricht der romanischen Sprachen", in: Fernández Amman, Eva Maria/Kropp, Amina & Müller-Lancé, Johannes. eds. *Herkunftsbedingte Mehrsprachigkeit im Unterricht der romanischen Sprachen*, Berlin: Frank & Timme, 159-183.

SENATSVERWALTUNG FÜR BILDUNG, JUGEND UND SPORT BERLIN. 2006. *Rahmenlehrplan für die Sekundarstufe I. Jahrgangsstufe 7-10. Realschule. Gesamtschule. Gymnasium. Spanisch. 2./3. Fremdsprache*, Berlin: Senatsverwaltung.

SENATSVERWALTUNG FÜR BILDUNG, JUGEND UND SPORT BERLIN. 2006. *Rahmenlehrplan für die Grundschule und di e Sekundarstufe I. Jahrgangsstufe 3-6. Grundschule. Jahrgangsstufe 7-10. Realschule. Gesamtschule. Gymnasium. Französisch. 1./2./3. Fremdsprache*, Berlin: Senatsverwaltung.

SCHWACK, Carolin [unter Supervision von K arl J. Kluge]. 2013. *Zukunftsmodell Inklusion. Ein Leitfaden zur Vorbereitung für Lehrerinnen und L ehrer* (https://www.hf.uni-koeln.de/data/e/File/kluge/Zukunftsmodell_Inklusion.pdf, Zugriff: 14.09.2015.).

SIAROVA, Hanna & ESSOMBA Miquel Àngel. 2014. *SIRIUS. Educational policies for language support addressed to children and y oungsters with a m igrant background. Making the tower of Babel a meaningful learning place for inclusion. The importance of language proficiency among pupils with a m igrant background. Policy Brief. Draft version*, Brüssel: EU (http://www.sirius-migrationeducation.org/wp-content/uploads/2014/02/Policy-brief-policies-language-support-all-draft-version.pdf,Zugriff: 14.09.2015).

THIELE, Sylvia. 2012. *Didaktik der romanischen Sprachen. Praxisorientierte Ansätze für den Französisch-, Italienisch- und Spanischunterricht*, Berlin: de Gruyter.

THIELE, Sylvia. 2013. „ Auditive Kompetenzen trainieren und pr üfen – Herausforderungen und Perspektiven für den Italienischunterricht", in: Franke, Manuela & Schöpp, Frank. eds. *Auf dem Weg zu kompetenten Schülerinnen und Schülern. Theorie und Praxis eines kompetenzorientierten Fremdsprachenunterrichts im Dialog*, Stuttgart: ibidem, 107-131.

TRIM, John/BORTH, Brian & COSTE, Daniel (in Zusammenarbeit mit SHEILS, Joseph) 2001. *Gemeinsamer europäischer Referenzrahmen für Sprachen: lernen, lehren, beurteilen,* Übersetzung von Jürgen Quetz/Raimund Schieß, Ulrike Sköries und Günther Schneider, Straßburg: Europarat; Berlin/München: Langenscheidt.

UNITED NATIONS. 2006/2008. *Convention on t he Rights of Persons with Disabilities* (http://www.un.org/disabilities/default.asp?navid=12&pid=150, deutsche Übersetzung http://www.institut-fuer-menschenrechte.de/fileadmin/user_upload/PDF-Dateien/Pakte_Konventionen/CRPD_behindertenrechtskonvention/crpd_b_de.pdf, Zugriff: 14.09.2015.).

VEREINTE NATIONEN/AUSSCHUSS FÜR DIE RECHTE VON MENSCHEN MIT BEHINDERUNGEN (CRPD). 2015. *Abschließende Bemerkungen über den ersten Staatenbericht Deutschlands,* Vereinte Nationen (beauftragte und geprüfte deutsche Übersetzung von der Monitoring-Stelle zur UN-Behindertenrechtskonvention).

VIERLINGER, Rupert. 2005. „Sanierung der schulischen Leistungsbeurteilung durch die „Direkte Leistungsvorlage" (Portfolio-System)", in: Grubich, Rainer et. al. eds. *Inklusive Pädagogik. Beiträge zu einem anderen Verständnis von Integration,* Aspach: edition innsalz Verlags GmbH, 210-232.

VERNOOIJ, Monika A. 2013. „Möglichkeiten und Grenzen der Inklusion von K indern mit Lern- und/oder Verhaltensbeeinträchtigungen", in: Jantowski, Andreas. ed. *Thillm.2013 – Gemeinsam leben. Miteinander lernen,* Bad Berka: Thüringer Institut für Lehrerfortbildung, Lehrplanentwicklung und Medien, 23-43.

VOGEL, Sigrid. 2008. „„Es geht ja um die Einstellungen…' Überlegungen zu den Schwierigkeiten, interkulturelle Handlungskompetenz im Frendsprachenunterricht zu erwerben", in: Fäcke, Christiane/Hülk, Walburga & Klein, Franz-Josef. eds. *Multiethnizität, Migration und Mehrsprachigkeit. Festschrift zum 65. Geburtstag von Adelheid Schumann,* Stuttgart: ibidem-Verlag, 195-206.

WANDRUSZKA, Mario. 1979. *Die Mehrsprachigkeit des Menschen,* München: Piper.

WANSING, Gudrun (2013): „‚Mit gleichen Wahlmöglichkeiten in der Gemeinschaft leben' – Behinderungen und Enthinderung selbstbestimmter Lebensführung", in: Becker, Ulrich/Wacker, Elisabeth/Banafsche, Minou (Eds.): Inklusion und Sozialraum, 69-86.

WIECHMANN, Jürgen. 2006. „Unterrichtsmethoden. Vom Nutzen der Vielfalt", in: Wiechmann, Jürgen. ed. *Zwölf Unterrichtsmethoden. Vielfalt für die Praxis.* Weinheim & Basel: Beltz Verlag, 9-19.

WILLWER, Jochen. 2006. „„Fremde Sprache – schwere Sprache?' oder: Wie kann der Zweitsprachenunterricht zum Erlernen einer dritten Fremdsprache hinführen und motivieren?", in: Frings, Michael. ed. *Sprachwissenschaftliche Projekte für den Französisch- und Spanischunterricht,* Stuttgart: ibidem-Verlag, 43-60.

WOCKEN, Hans. 2010. „Über Widersacher der Inklusion und i hre Gegenreden", in: *Aus Politik und Zeitgeschehen,* Heft 23, 25-31.

Internetquellen:

http://www.aktion-mensch.de/themen-informieren-und-diskutieren/was-ist-inklusion.html, Zugriff: 19.07.2015.

http://www.aktion-mensch.de/themen-informieren-und-diskutieren/was-ist-inklusion.html,
    Zugriff: 19.07.2015.
http://www.unesco.de/inklusive_bildung_europa.html, Zugriff: 18.08.2015.
http://blog.zeit.de/stufenlos/2015/04/20/un-ausschuss-inklusion-deutschland-magelhaft/,
    Zugriff: 14.09.2015.

Anhang

Anhang 1: Fragebogen der qualitativen Befragung

Interviewleitfaden

* Bedeutung Inklusion/Definition Inklusion

* Zusammenhang Inklusion und Behindertenrechtskonvention

* Unterschied Inklusion und Integration

* Verlust des Stellenwertes der Sonder- bzw. Heilpädagogik -- Rolle der Sonder- und HeilpädagogInnen -- SpezialistInnen?

* Wozu gemeinsamer Unterricht? Selektion nach der Schule

* Extra-Einrichtungen nicht besser für Förderung und der Betreuung des Kindes

* Ist jedes Kind integrierbar?

* Leistung und Inklusion/Inklusion - Kinder mit Beeinträchtigungen – Förderung in der Regelschule/Stoffvermittlung?

* Umsetzbarkeit der Individualisierung und Differenzierung – Lernen

* Inklusion im Fremdsprachenunterricht? Kriterien? Beispiele?

* Eigene Ausbildung überhaupt ausreichend, allen Kindern gerecht zu werden?

* Welchen Bedarf haben Kinder mit Migrationshintergrund?

* Vorbereitung Schulsystem – Kinder mit Migrationshintergrund?

* Worin besteht die heutige Problematik? Was muss sich ändern?

* Integration und interkulturelle Ausrichtung

* Zusammenhang Inklusion und Migration

* Wäre es zu Problemen gekommen, wenn das Schulsystem inklusiv ausgerichtet wäre?

* Inklusion = Utopie?

Anhang 2: Fragebogen der quantitativen Erhebung

<u>**Fragebogen**</u>

Personendaten

Geschlecht: o männlich o weiblich

Alter: o 18-22   o 23-28   o 29-35   o 35 und älter

Fächer: o Spanisch   o Franz.   o Ital.   o Portugiesisch
o andere_____

Schultyp: o Gymnasium o ISS/Gesamtschule   o Grundschule
o Berufsschule

Beruf: o Lehramtsstudent   o Referendar   o Berufseinsteiger
o Lehrer seit mindestens 5 Jahren

....

1. Definieren Sie Inklusion und Integration:

....
....
....
....
....
....
....

2. Welche Personen-/Schülergruppen werden im Zusammenhang von Inklusion
betrachtet bzw. sollen eine spezielle Förderung erhalten?

....
....
....
....
....

3. Können alle Kinder und Jugendliche (inkl. der verschiedensten Benachteiligungen) in einer Klasse   unterrichtet werden?: o Ja   o Nein
Wenn nicht, warum?:

....

....

....

....

....

4. Ist eine Umsetzbarkeit von Individualisierung und Differenzierung beim Lernen im heutigen Bildungssystem möglich? o Ja   o Nein

Wenn nicht, warum?:

....

....

....

....

....

5. Welche Akteure müssen verstärkt zusammenarbeiten, damit Inklusion gelingen kann?

....

....

....

6. Wird Inklusion im heutigen Fremdsprachenunterricht übergreifend und flächendeckend umgesetzt? o Ja   o Nein

7. Welche Probleme sehen Sie bei der Umsetzung eines inklusionspädagogischen Ansatzes im Fremdsprachenunterricht?

....

....

....

....

....

8. Wie würden Sie Inklusion im heutigen Fremdsprachenunterricht umsetzen?

....

....

....

9. Welche Kriterien müssen geschaffen werden, damit Inklusion im
Fremdsprachenunterricht umgesetzt werden kann?

....

....

....

10. Inwiefern besteht ein Zusammenhang zwischen Mehrsprachigkeit, Migration
und Inklusion?

....

....

....

....

....

11. Was verstehen Sie unter Entwicklung/Ausbildung von „mehrsprachigen
Handlungskompetenzen" bei Kindern und Jugendlichen im Schulsystem?

....

....

....

....

12. Welche Bedarfe haben (vor allem) Kinder und Jugendliche mit
Migrationshintergrund?

....

....

....

13. Welche Chancen/Herausforderungen sind im Sinne von Inklusion gegeben, wenn Kinder und Jugendliche mit Migrationshintergrund am Fremdsprachenunterricht teilnehmen?

....
....
....
....
....

14. Welche konkreten Bedingungen/Voraussetzungen müssen geschaffen werden, damit Kinder und Jugendliche mit Migrationshintergrund am Fremdsprachenunterricht teilnehmen können?

....
....
....
....

15. In welchem Zusammenhang steht Interkulturalität, Migration und Inklusion?

....
....
....
....

16. Haben Sie sich mit der Thematik Inklusion intensiv auseinandersetzen können?

o Ja   o Nein   Wenn ja, wo? (Studium, Praktika, Referendariatszeit, Weiterbildung etc.):

....
....

17. Wurden Sie in Ihrer Ausbildung (Studium) ausreichend darauf vorbereitet, um allen Kindern und Jugendlichen im Sinne von Inklusion gerecht werden zu können?

o Ja   o Nein

18. Haben Sie sich bereits mit der Umsetzung von Inklusion im Fremdsprachenunterricht intensiv auseinandersetzen können? o Ja   o Nein

19. Können Sie sich konkret und anwendungsbezogen vorstellen, wie Inklusion im Fremdsprachenunterricht umgesetzt werden kann? o Ja   o Nein

20. Wie könnte zum Beispiel ein inklusiver Fremdsprachenunterricht aussehen?

....

....

....

....

....

....

21. Was benötigen Sie konkret, damit Sie auf eine inklusive Didaktik/inklusive Bildung vorbereitet werden?

....

....

....

....

....

....

22. Welche konkreten Maßnahmen müssten in der Ausbildung und Fortbildung ergriffen werden, damit Sie einen inklusiven Ansatz im Fremdsprachenunterricht verfolgen können?

....

....

....

....

23. Welche spezifischen Kompetenzen in der Lehrer/innen-Bildung müssten im Kontext der zunehmenden Heterogenität im Schulalltag entwickelt und gefördert werden?

....

....

....

....

....

24. Stimmen Sie der Aussage „Ein inklusiven Schulsystem ist reine Utopie." zu?

   o Ja   o Nein   Begründen/Erläutern Sie Ihre Meinung:

....

....

....

....

....

....

Anhang 3: Artikel 24 – Übereinkommen über die Rechte von Menschen mit Behinderungen vom 13. Dezember 2006

Quelle: Bundesgesetzblatt (BGBL) 2008 II, S. 1419; zwischen Deutschland, Liechtenstein, Österreich und de r Schweiz abgestimmte Übersetzung (in der Bibliographie siehe BRK 2006/2008):

(1) Die Vertragsstaaten anerkennen das Recht von Menschen mit Behinderungen auf Bildung. Um dieses Recht ohne Diskriminierung und auf der Grundlage der Chancengleichheit zu verwirklichen, gewährleisten die Vertragsstaaten ein integratives Bildungssystem auf allen Ebenen und lebenslanges Lernen mit dem Ziel,

a) die menschlichen Möglichkeiten sowie das Bewusstsein der Würde und das Selbstwertgefühl des Menschen voll zur Entfaltung zu bringen und die Achtung vor den Menschenrechten, den Grundfreiheiten und der menschlichen Vielfalt zu stärken;

b) Menschen mit Behinderungen ihre Persönlichkeit, ihre Begabungen und ihre Kreativität sowie ihre geistigen und körperlichen Fähigkeiten voll zur Entfaltung bringen zu lassen;

c) Menschen mit Behinderungen zur wirklichen Teilhabe an einer freien Gesellschaft zu befähigen.

(2) Bei der Verwirklichung dieses Rechts stellen die Vertragsstaaten sicher, dass

a) Menschen mit Behinderungen nicht aufgrund von Behinderung vom allgemeinen Bildungssystem ausgeschlossen werden und dass Kinder mit Behinderungen nicht aufgrund von Behinderung vom unentgeltlichen und obligatorischen Grundschulunterricht oder vom Besuch weiterführender Schulen ausgeschlossen werden;

b) Menschen mit Behinderungen gleichberechtigt mit anderen in der Gemeinschaft, in der sie leben, Zugang zu einem integrativen, hochwertigen und unentgeltlichen Unterricht an Grundschulen und weiterführenden Schulen haben;

c) angemessene Vorkehrungen für die Bedürfnisse des Einzelnen getroffen werden;

d) Menschen mit Behinderungen innerhalb des allgemeinen Bildungssystems die notwendige Unterstützung geleistet wird, um ihre erfolgreiche Bildung zu erleichtern;

e) in Übereinstimmung mit dem Ziel der vollständigen Integration wirksame individuell angepasste Unterstützungsmaßnahmen in einem Umfeld, das die bestmögliche schulische und soziale Entwicklung gestattet, angeboten werden.

(3) Die Vertragsstaaten ermöglichen Menschen mit Behinderungen, lebenspraktische Fertigkeiten und soziale Kompetenzen zu erwerben, um ihre volle und gleichberechtigte Teilhabe an der Bildung und als Mitglieder der Gemeinschaft zu erleichtern. Zu diesem Zweck ergreifen die Vertragsstaaten geeignete Maßnahmen; unter anderem

a) erleichtern sie das Erlernen von Brailleschrift, alternativer Schrift, ergänzenden und alternativen Formen, Mitteln und Formaten der Kommunikation, den Erwerb von Orientierungs- und Mobilitätsfertigkeiten sowie die Unterstützung durch andere Menschen mit Behinderungen und das Mentoring;

b) erleichtern sie das Erlernen der Gebärdensprache und die Förderung der sprachlichen Identität der Gehörlosen;

c) stellen sie sicher, dass blinden, gehörlosen oder taubblinden Menschen, insbesondere Kindern, Bildung in den Sprachen und Kommunikationsformen und mit den Kommunikationsmitteln, die für den Einzelnen am besten geeignet sind, sowie in einem Umfeld vermittelt wird, das die bestmögliche schulische und soziale Entwicklung gestattet.

(4) Um zur Verwirklichung dieses Rechts beizutragen, treffen die Vertragsstaaten geeignete Maßnahmen zur Einstellung von Lehrkräften, einschließlich solcher mit Behinderungen, die in Gebärdensprache oder Brailleschrift ausgebildet sind, und zur Schulung von Fachkräften sowie Mitarbeitern und Mitarbeiterinnen auf allen Ebenen des Bildungswesens. Diese Schulung schließt die Schärfung des Bewusstseins für Behinderungen und die Verwendung geeigneter ergänzender und alternativer Formen, Mittel und Formate der Kommunikation sowie pädagogische Verfahren und Materialien zur Unterstützung von Menschen mit Behinderungen ein.

(5) Die Vertragsstaaten stellen sicher, dass Menschen mit Behinderungen ohne Diskriminierung und g leichberechtigt mit anderen Zugang zu allgemeiner Hochschulbildung, Berufsausbildung, Erwachsenenbildung und lebenslangem Lernen haben. Zu diesem Zweck stellen die Vertragsstaaten sicher, dass für Menschen mit Behinderungen angemessene Vorkehrungen getroffen werden.

Anhang 4: Artikel 13 – Internationaler Pakt über wirtschaftliche, soziale und kulturelle Rechte vom 19. Dezember 1966

Quelle: Bundesgesetzblatt (BGBl) 1976 II, 428; (in der Bibliographie siehe IPwskR 1966):

(1) Die Vertragsstaaten erkennen das Recht eines jeden auf Bildung an. Sie stimmen überein, dass die Bildung auf die volle Entfaltung der menschlichen Persönlichkeit und des Bewusstseins ihrer Würde gerichtet sein und die Achtung vor den Menschenrechten und Grundfreiheiten stärken muss. Sie stimmen ferner überein, dass die Bildung es jedermann ermöglichen muss, eine nützliche Rolle in einer freien Gesellschaft zu spielen, dass sie Verständnis, Toleranz und Freundschaft unter allen Völkern und allen rassischen, ethnischen und religiösen Gruppen fördern sowie die Tätigkeit der Vereinten Nationen zur Erhaltung des Friedens unterstützen muss.

(2) Die Vertragsstaaten erkennen an, dass im Hinblick auf die volle Verwirklichung dieses Rechts

a) der Grundschulunterricht für jedermann Pflicht und allen unentgeltlich zugänglich sein muss;

b) die verschiedenen Formen des höheren Schulwesens einschließlich des höheren Fach– und Berufsschulwesens auf jede geeignete Weise, insbesondere durch allmähliche Einführung der Unentgeltlichkeit, allgemein verfügbar und jedermann zugänglich gemacht werden müssen;

c) der Hochschulunterricht auf jede geeignete Weise, insbesondere durch allmähliche Einführung der Unentgeltlichkeit, jedermann gleichermaßen entsprechend seinen Fähigkeiten zugänglich gemacht werden muss;

d) eine grundlegende Bildung für Personen, die eine Grundschule nicht besucht oder nicht beendet haben, so weit wie möglich zu fördern oder zu vertiefen ist;

e) die Entwicklung eines Schulsystems auf allen Stufen aktiv voranzutreiben, ein angemessenes Stipendiensystem einzurichten und die wirtschaftliche Lage der Lehrerschaft fortlaufend zu verbessern ist.

(3) Die Vertragsstaaten verpflichten sich, die Freiheit der Eltern und gegebenenfalls des Vormunds oder Pflegers zu achten, für ihre Kinder andere als
öffentliche Schulen zu wählen, die den vom Staat gegebenenfalls festgesetzten
oder gebilligten bildungspolitischen Mindestnormen entsprechen, sowie die
religiöse und sittliche Erziehung ihrer Kinder in Übereinstimmung mit ihren
eigenen Überzeugungen sicherzustellen.

(4) Keine Bestimmung dieses Artikels darf dahin ausgelegt werden, dass sie die
Freiheit natürlicher oder juristischer Personen beeinträchtigt, Bildungseinrichtungen zu schaffen und zu leiten, sofern die in Absatz 1 niedergelegten Grundsätze beachtet werden und die in solchen Einrichtungen vermittelte Bildung den
vom Staat gegebenenfalls festgesetzten Mindestnormen entspricht.

Anhang 5: Artikel 28 – Übereinkommens über die Rechte des Kindes

Quelle: Bundesministerium für Familie, Senioren, Frauen und Jugend: Übereinkommen über die Rechte des Kindes. VN-Kinderrechtskonvention im Wortlaut mit Materialien, in Kraft getreten 1992 (in der Bibliographie siehe KRK 1992):

(1) Die Vertragsstaaten erkennen das Recht des Kindes auf Bildung an; um die Verwirklichung dieses Rechts auf der Grundlage der Chancengleichheit fortschreitend zu ereichen, werden sie insbesondere

a) den Besuch der Grundschule für alle zur Pflicht und unentgeltlich machen;

b) die Entwicklung verschiedener Formen der weiterführenden Schulen allgemeinbildender und berufsbildender Art fördern, sie allen Kindern verfügbar und zugänglich machen und geeignete Maßnahmen wie die Einführung der Unentgeltlichkeit und die Bereitstellung finanzieller Unterstützung bei Bedürftigkeit treffen;

c) allen entsprechend ihren Fähigkeiten den Zugang zu den Hochschulen mit allen geeigneten Mitteln ermöglichen;

d) Bildungs- und Berufsberatung allen Kindern verfügbar und zugänglich machen;

e) Maßnahmen treffen, die den regelmäßigen Schulbesuch fördern und den Anteil derjenigen, welche die Schule vorzeitig verlassen, verringern.

(2) Die Vertragsstaaten treffen alle geeigneten Maßnahmen, um sicherzustellen, dass die Disziplin in der Schule in einer Weise gewahrt wird, die der Menschenwürde des Kindes entspricht und im Einklang mit diesem Übereinkommen steht.

(3) Die Vertragsstaaten fördern die internationale Zusammenarbeit im Bildungswesen, insbesondere um zur Beseitigung von Unwissenheit und Analphabetentum in der Welt beizutragen und den Zugang zu wissenschaftlichen und technischen Kenntnissen und modernen Unterrichtsmethoden zu erleichtern. Dabei sind die Bedürfnisse der Entwicklungsländer besonders zu berücksichtigen.

Anhang 6: Bonner Erklärung zur inklusiven Bildung in Deutschland

Quelle: Deutsche UNESCO-Kommission e.v. (2014); verabschiedet von den Teilnehmenden des Gipfels "Inklusion – Die Zukunft der Bildung" am 20. M ärz 2014 i n Bonn (http://www.unesco.de/bildung/inklusive-bildung/gipfel-inklusive-bildung/gipfel-inklusion-erklaerung.html):

I.

Jeder Mensch hat das Recht auf Bildung. Die Allgemeine Erklärung der Menschenrechte fordert, dass Bildung auf die volle Entfaltung der menschlichen Persönlichkeit und auf die Stärkung der Achtung vor den Menschenrechten und Grundfreiheiten gerichtet sein muss. Eines der wichtigsten Ziele der UNESCO ist, dass alle Menschen weltweit Zugang zu qualitativ hochwertiger Bildung erhalten und ihre Potenziale entfalten können. Dieser menschenrechtliche Anspruch ist universal und gilt unabhängig von Geschlecht, Herkunft, sozialen oder ökonomischen Voraussetzungen, Behinderung oder besonderen Lernbedürfnissen.

Inklusion im Bildungswesen ist Voraussetzung, um die Ziele des weltweiten Aktionsplans "Bildung für Alle" erreichen zu können und die Bildungsqualität zu steigern. Inklusion rückt die unterschiedlichen Bedürfnisse aller Lernenden in den Mittelpunkt und begreift Vielfalt als Ressource und Chance für Lern- und Bildungsprozesse. Inklusive Bildung erfordert flexible Bildungsangebote, dementsprechende strukturelle und inhaltliche Anpassungen und individuell angemessene Vorkehrungen in der frühkindlichen Bildung, dem Schulwesen, der beruflichen Bildung, dem Hochschulwesen, der Erwachsenenbildung sowie weiterer für das Bildungswesen relevanten Einrichtungen. Individuelle Förderung und Lernen in heterogenen Gruppen sind die Grundlage für eine inklusive Entwicklung. Inklusion beinhaltet das Recht auf gemeinsames Lernen im allgemeinen Bildungssystem. Dies ist als Menschenrecht im Anschluss an den UN-Pakt für wirtschaftliche, soziale und kulturelle Rechte in der von Deutschland und der Europäischen Union ratifizierten UN-Konvention über die Rechte von Menschen mit Behinderungen festgeschrieben.

Deutschland hat sich insbesondere seit der Ratifikation der UN-Behinderten-rechtskonvention auf den Weg zu einem inklusiven Bildungssystem gemacht. Die Rahmenbedingungen, die gesetzlichen Regelungen und der Stand der Umsetzung gehen in den einzelnen Ländern in Deutschland jedoch noch weit auseinander. Im Vergleich mit vielen seiner europäischen Nachbarn hat Deutschland einen erheblichen Nachholbedarf bei der Schaffung inklusiver Bildungsangebote. Systematische Anstrengungen sind notwendig, um Exklusion im deutschen Bildungswesen zu überwinden und Inklusion als Leitbild für Bildungspolitik und -praxis zu etablieren. Barrieren müssen zügig abgebaut und die erforderlichen Strukturen eines inklusiven Bildungssystems weiter aufgebaut werden, um Inklusion umfassend in allen Bildungsbereichen zu ermöglichen, die Teilhabe aller am allgemeinen Bildungswesen sicherzustellen, Benachteiligung abzubauen und die Qualität der Bildung zu steigern. Dies ist Aufgabe der gesamten Gesellschaft.

II.

Die Teilnehmenden des Gipfels "Inklusion – Die Zukunft der Bildung" **fordern** alle an der Umsetzung inklusiver Bildung Beteiligten **auf,**

1. ein öffentliches Bewusstsein für inklusive Bildung zu schaffen, Vorurteilen durch Aufklärung über inklusive Bildung zu begegnen und den Wissensaustausch über inklusive Bildungspraxis zu fördern;

2. gemeinsam für qualitativ hochwertige inklusive Bildung einzutreten und die für die Umsetzung notwendige sächliche, personelle und finanzielle Ausstattung zu sichern sowie offene Finanzierungsfragen zügig in konstruktivem Dialog zu lösen;

3. professionelle und niedrigschwellige Beratung zur Umsetzung von Inklusion in allen Bildungsbereichen für Lernende, Lehrende, Eltern und die Wirtschaft sicherzustellen und dabei zivilgesellschaftliche Expertisen zu nutzen;

4. die Barrierefreiheit von Bildungseinrichtungen zu gewährleisten;

fordern den Deutschen Bundestag **auf,**

5. sich im Rahmen einer Enquete-Kommission mit den Anforderungen an inklusive Bildung und Sozialräume, deren Umsetzung und deren Perspektiven zu beschäftigen;

fordern die Bundesregierung **auf,**

6. dem Menschenrecht auf inklusive Bildung in allen gesetzlichen Regelungen auf Bundesebene zu entsprechen;

7. im Zusammenwirken mit den Ländern inklusive Bildung in qualitativ hochwertiger Form umzusetzen;

8. Inklusion in de r betrieblichen Aus- und Weiterbildung im Dialog mit der Wirtschaft umzusetzen und dazu beizutragen, jungen Menschen das Nachholen einer Berufsausbildung zu ermöglichen und individuell unterstützte Alternativen zum Berufsbildungs- und Arbeitsbereich der Werkstätten für behinderte Menschen im ersten Arbeitsmarkt zu schaffen;

9. eine Forschungslinie zu inklusiver Bildung einzurichten, um Grundlagen-forschung, Implementierungsforschung und Evaluation inklusiver Bildung in Deutschland sicherzustellen sowie den Transfer wissenschaftlicher Erkenntnisse in die Praxis zu unterstützen;

10. inklusive Bildung im Rahmen der deutschen Entwicklungszusammenarbeit und internationalen Bildungszusammenarbeit zu fördern und sich für inklusive Bildung im Rahmen der Umsetzung der weltweiten post-2015 Entwicklungs-agenda – der Sustainable Development Goals – einzusetzen;

fordern die Länder **auf,**

11. in Zusammenarbeit mit der Bundesregierung, den Kommunen, der Wissen-schaft, der Zivilgesellschaft, insbesondere mit den Selbstvertreterorganisationen von im Bildungswesen marginalisierten Gruppen, Gewerkschaften und der Wirtschaft einen Aktionsplan für die Umsetzung inklusiver Bildung von der frühen Kindheit bis ins Erwachsenenalter zu entwickeln, der bundesländer-übergreifende Standards für Rahmenbedingungen, Organisation, Lehr- und Lerngestaltung beinhaltet, Übergänge zwischen den Bildungsstufen regelt und das komplementäre Handeln der politisch Verantwortlichen beschreibt;

12. die in den Bildungsgesetzen der Länder enthaltenen Vorbehalte gegenüber Inklusion zügig aufzuheben, das individuelle Recht auf den Besuch inklusiver Bildungseinrichtungen zu verankern und in der Praxis zu verwirklichen und auch in den Hochschulgesetzen der Länder das Recht auf gleichberechtigten Zugang einschließlich angemessener Vorkehrungen festzuschreiben;

13. Bildungs-, Lehrpläne und Curricula sowie Leistungsbewertung und Abschlüsse im Sinne der inklusiven Bildung zu gestalten;

14. inklusive Bildung als Leitidee in der Aus-, Fort- und Weiterbildung aller pädagogischen Berufe einschließlich aller Lehrämter und der entsprechenden Fachdidaktik zu verankern und mit Pflichtanteilen auszugestalten sowie auf ein verändertes Professionalitätsverständnis der Fachkräfte in der Inklusion hinzuwirken, das auf Vernetzung, Austausch und Reflexion sowie Einbindung externer Kompetenzen setzt;

15. das bestehende Doppelsystem aus Sonder- und Regelschulen gemeinsam mit den Schulträgern planvoll zu einem inklusiven Schulsystem zusammenzuführen[1]; dabei die materiellen Ressourcen und die sonderpädagogische Kompetenz der Lehrkräfte aus den bisherigen Sonderschulen zur Beratung und Unterstützung inklusiv arbeitender Bildungseinrichtungen einzusetzen; Unterstützungssysteme ohne Schülerinnen und Schüler außerhalb der allgemeinen Schulen für die Umsetzung inklusiver Bildung zu nutzen;

16. in allen allgemeinen und berufsbildenden Schulen gemeinsam mit den Schulträgern das Recht auf inklusive Bildung mit dem Angebot einer barrierefreien, qualitativ hochwertigen Form des gemeinsamen Unterrichts praktisch zu verwirklichen;

fordern die Kommunen **auf,**

17. alle kommunalen Strukturen in die inklusive Bildung einzubinden und die Zusammenarbeit von Jugendhilfe und sozialen Diensten mit allen Bildungseinrichtungen unter Berücksichtigung der Sozialraumorientierung und Partizipation von Experten und Expertinnen in eigener Sache sowie Eltern in verlässlichen Netzwerken zu fördern;

18. Aktionspläne zur Umsetzung inklusiver Bildung in Zusammenarbeit mit den relevanten Akteuren zu erarbeiten und umzusetzen;

19. Integrationsfachdienste, Assistenzangebote und Angebote der beruflichen Rehabilitation weiterzuentwickeln und in die Berufsorientierung und Übergangsbegleitung junger Menschen einzubeziehen;

fordern die Wirtschaft **auf,**

20. inklusive Aus-, Fort und Weiterbildungsangebote zu schaffen und Barrieren in der Berufswelt abzubauen;

21. den Dialog mit den Anbietern der beruflichen Rehabilitation zu vertiefen, um die betriebliche Berufsausbildung und Berufsausbildungsvorbereitung stärker mit außerbetrieblichen Aus- und Weiterbildungsangeboten für Menschen mit besonderen Förderbedarfen zu verzahnen;

fordern die Zivilgesellschaft **auf,**

22. in Zusammenarbeit mit der Wissenschaft, der Wirtschaft, den Kirchen, Gewerkschaften und Vertretern der Praxis Qualitätskriterien für Inklusion für alle Bildungsbereiche zu entwickeln sowie an deren Umsetzung und kritischer Evaluation mitzuwirken;

fordern die Wissenschaft **auf,**

23. durch Forschung und Lehre zur Entwicklung eines inklusiven Bildungssystems und zur Verbesserung inklusiver Maßnahmen und ihrer Evaluation beizutragen;

fordern alle Akteure der Bildungspraxis **auf,**

24. sich entschlossen für eine gute inklusive Bildungspraxis in ihrem Wirkungsfeld einzusetzen und Erfahrungen bei der Umsetzung von Inklusion an die Öffentlichkeit zu vermitteln.

---

[1] Die Umsetzung inklusiver Bildung international zeigt, dass Inklusionsanteile von nahezu 100 Prozent möglich sind und lediglich ein sehr geringer Anteil der Schülerinnen und Schüler mit sonderpädagogischem Förderbedarf aufgrund spezifischer Bedürfnisse in der Regel nicht im gemeinsamen Unterricht lernt.

Romanische Sprachen und ihre Didaktik (RomSD)

Herausgegeben von Michael Frings, Andre Klump & Sylvia Thiele

ISSN 1862-2909

1   *Michael Frings und Andre Klump (edd.)*
Romanische Sprachen in Europa. Eine Tradition mit Zukunft?
ISBN 978-3-89821-618-0

2   *Michael Frings*
Mehrsprachigkeit und Romanische Sprachwissenschaft an Gymnasien?
Eine Studie zum modernen Französisch-, Italienisch- und Spanischunterricht
ISBN 978-3-89821-652-4

3   *Jochen Willwer*
Die europäische Charta der Regional- und Minderheitensprachen in der Sprachpolitik
Frankreichs und der Schweiz
ISBN 978-3-89821-667-8

4   *Michael Frings (ed.)*
Sprachwissenschaftliche Projekte für den Französisch- und Spanischunterricht
ISBN 978-3-89821-651-7

5   *Johannes Kramer*
Lateinisch-romanische Wortgeschichten
Herausgegeben von Michael Frings als Festgabe für Johannes Kramer zum 60. Geburtstag
ISBN 978-3-89821-660-9

6   *Judith Dauster*
Früher Fremdsprachenunterricht Französisch
Möglichkeiten und Grenzen der Analyse von Lerneräußerungen und Lehr-Lern-Interaktion
ISBN 978-3-89821-744-6

7   *Heide Schrader*
Medien im Französisch- und Spanischunterricht
ISBN 978-3-89821-772-9

8   *Andre Klump*
„Trajectoires du changement linguistique"
Zum Phänomen der Grammatikalisierung im Französischen
ISBN 978-3-89821-771-2

9   *Alfred Toth*
Historische Lautlehre der Mundarten von La Plié da Fodom (Pieve di Livinallongo,
Buchenstein) und Col (Colle Santa Lucia), Provincia di Belluno unter Berücksichtigung der
Mundarten von Laste, Rocca Piétore, Selva di Cadore und Alleghe
ISBN 978-3-89821-767-5

Sie haben die Wahl:

Bestellen Sie die Schriftenreihe
Romanische Sprachen und ihre Didaktik
einzeln oder im **Abonnement**

per E-Mail: vertrieb@ibidem-verlag.de | per Fax (0511/262 2201)
als Brief (***ibidem**-Verlag | Leuschnerstr. 40 | 30457 Hannover)

Bestellformular

☐ Ich abonniere die Schriftenreihe *Romanische Sprachen und ihre Didaktik* ab Band # ____

☐ Ich bestelle die folgenden Bände der Schriftenreihe *Romanische Sprachen und ihre Didaktik*

 # ____; ____; ____; ____; ____; ____; ____; ____; ____

Lieferanschrift:

Vorname, Name ....

Anschrift ....

E-Mail... | Tel.: ....

Datum .... | Unterschrift ....

Ihre Abonnement-Vorteile im Überblick:

- Sie erhalten jedes Buch der Schriftenreihe pünktlich zum Erscheinungstermin – immer aktuell, ohne weitere Bestellung durch Sie.
- Das Abonnement ist jederzeit kündbar.
- Die Lieferung ist innerhalb Deutschlands versandkostenfrei.
- Bei Nichtgefallen können Sie jedes Buch innerhalb von 14 Tagen an uns zurücksenden.

***ibidem*-**Verlag

Melchiorstr. 15

D-70439 Stuttgart

info@ibidem-verlag.de

www.ibidem-verlag.de
www.ibidem.eu
www.edition-noema.de
www.autorenbetreuung.de